Svenja Flaßpöhler

SEN SI BEL

Über moderne Empfindlichkeit
und die Grenze des Zumutbaren

KLETT-COTTA

Vierte Auflage, 2021

Klett-Cotta
www.klett-cotta.de
© Svenja Flaßpöhler 2021
Das Werk wurde vermittelt durch die Literarische Agentur Michael Gaeb.
© 2021 by J. G. Cotta'sche Buchhandlung Nachfolger GmbH,
gegr. 1659, Stuttgart
Alle Rechte vorbehalten
Cover: Rothfos & Gabler, Hamburg
unter Verwendung einer Abbildung von © Bridgeman Images, Mimosa
Gesetzt von C.H.Beck.Media.Solutions, Nördlingen
Gedruckt und gebunden von GGP Media GmbH, Pößneck
ISBN 978-3-608-98335-7
E-Book ISBN 978-3-608-11663-2

Bibliografische Information der Deutschen Nationalbibliothek
Die Deutsche Nationalbibliothek verzeichnet diese Publikation in der
Deutschen Nationalbibliografie; detaillierte bibliografische Daten
sind im Internet über http://dnb.d-nb.de abrufbar.

DU BIST ZU HART, ICH BIN ZU WEICH

Ton Steine Scherben

Für Carsjen

INHALT

EINLEITUNG

DER RISS IN DER GESELLSCHAFT

Sind Empfindungen reine Privatsache? Ab wann ist eine Berührung eine Belästigung? Wie viel Nähe ist angenehm und mithin erlaubt? Und wo liegt die Grenze des Sagbaren? Welches Sprechen tangiert die Würde von Menschen – und welches bewahrt sie? Gehört das generische Maskulinum abgeschafft? Ist das ›N-Wort‹ auch als Zitat eine Zumutung? Wer entscheidet das im Zweifelsfall? Sind Betroffene näher an der Wahrheit als Nicht-Betroffene, weil sie Gewalt – ob verbal oder physisch – am eigenen Leibe erfahren haben? Ist Verletzlichkeit die neue Stärke?

Ob MeToo oder Black Lives Matter, ob die Debatten über gendergerechte Sprache, Trigger-Warnungen oder Meinungsfreiheit, ob der Kampf um Anerkennung benachteiligter Gruppen oder die Empfindlichkeiten jener, die um den Verlust von Privilegien fürchten: Offenbar sind wir mehr denn je damit beschäftigt, das Limit des Zumutbaren neu zu justieren. Doch fährt sich der Diskurs hierüber zunehmend fest: Liberale und Egalitäre, Rechte und Linke, Alte und Junge, Betroffene und Nicht-Betroffene stehen sich unversöhnlich gegenüber. Während die einen sagen: Ihr stellt euch an, seid hypersensible »Schneeflocken«!, entgegnen die anderen: Ihr seid verletzend und beleidigend, an eurer Sprache klebt Blut!

Der Effekt dieser Frontalstellung ist eine zunehmende Erosion der demokratischen Diskurskultur und ein kaum noch zu kittender Riss, der sich mitten durch die Gesellschaft zieht.

Umso dringender ist zu fragen, wo ein Ausweg gefunden werden kann. Ich schlage vor, einen Schritt zurückzutreten und frei von Polemik eine Entwicklung zu beleuchten, die mit der Genese des modernen Subjekts unauflöslich verbunden ist: die zunehmende Sensibilisierung des Selbst und der Gesellschaft.

AKTIVE UND PASSIVE SENSIBILITÄT

»Sensibel«, das meint: empfindlich, fühlbar, empfänglich. Positiv wird der Begriff meist im Sinn eines ausgeprägten Einfühlungsvermögens verwendet, negativ bezeichnet er die Überempfindlichkeit eines Subjekts, das dem Leben nicht gewachsen ist. Ein Blick in die Philosophiegeschichte zeigt, dass diese Spannung eine lange Tradition hat.

Schon im Mittelalter unterschied man eine aktive Sensibilität, die sich in einem moralischen Sinn empfindsam auf die Welt ausrichtet, von einer passiven Sensibilität, die empfängt, auf Außenreize reagiert.[1] Die aktive Sensibilität meint so viel wie »mit Empfindung begabt«[2] und ist, verallgemeinernd gesagt, die tugendhafte, edle, gute, für die göttliche Wahrheit empfängliche. Im 18. Jahrhundert wurde sie als moralisches Gefühl systematisch ausgearbeitet: als, vereinfacht gesagt, natürliche Gabe des Menschen, das Gute aus sich heraus zu tun.

Die passive Sensibilität hingegen bezeichnet allgemein das, »was empfunden werden kann«[3]. Im positiven Sinn wurde diese passive Seite (insbesondere während der Epoche der Empfindsamkeit) mit Rührung gleichgesetzt. Überwiegend aber verstand man sie negativ im Sinne von Weinerlichkeit, Überspanntheit, auch (etwa bei Thomas von Aquin) sexueller Willfährigkeit. Die Materialisten im 18. Jahrhundert bezeichneten die passive Sensibilität als »sensibilité physique« und meinten damit die Reizbarkeit der Nerven.

Dass aktive Sensibilität und passive Reizbarkeit oft miteinander einhergehen, zeigt sich mit Blick auf die Gegenwart deutlich: Was für verwerflich und falsch gehalten wird, ist meist das, was auch die Gemüter reizt und umgekehrt – und zwar, wenn auch auf verschiedene Weise, quer durch alle politischen Lager. Während rechte Kräfte empfindlich auf gesellschaftliche Transformationen wie etwa den vorgeblichen »Genderwahn« reagieren und nicht selten mit gezielter Hassrede oder auch konkreter physischer Gewalt agieren, sind linksliberal Denkende dünnhäutig, wenn ihre Vorstellung von gesellschaftlichem Fortschritt hinterfragt wird, was mitunter zu systematischen Boykotts von Personen, gar zu Kündigungen führt.

Doch ist diese Verschaltung von Moral und Reizbarkeit keineswegs neu, sondern hat philosophische Vorläufer: So verabscheute der empfindsame Rousseau die Reizüberflutung der Stadt aus tiefster Seele. In der beschaulichen Pariser Peripherie entwickelte er seine Moral des von Natur aus guten, empathischen Menschen, den es vor schädigenden zivilisatorischen Einflüssen zu schützen galte (vgl. Kapitel III). Das ländliche Idyll von Montmorency war, wenn man so will, Rousseaus Safe Space.

Dass die Sensibilität ein zweischneidiges Phänomen ist, stellt für das Verständnis der Gegenwart und damit auch für dieses Buch eine wegweisende Einsicht dar. Die Sensibilität ist nach außen *und* nach innen gerichtet. Bindend *und* trennend. Befreiend *und* unterdrückend. Auf den Punkt gebracht: Die Sensibilität trägt eine gewaltsame Seite in sich, was sich bereits in ihrer historischen Genese zeigt. Das Herausbilden von Sensibilität setzt nämlich Zwang voraus. In seinem berühmten Werk »Über den Prozeß der Zivilisation« (1939) zeichnet der Soziologe Norbert Elias eindrücklich die Transformation menschlichen Verhaltens nach, das sich durch fortschreitende Disziplinierung – angefangen beim Essen und Schlafen bis hin zu komplexen sozialen Situationen – zunehmend verfeinert und den Menschen für eigene wie fremde Grenzüberschreitungen sichtlich sensibler werden lässt. Die wesentlichen Methoden dieser Verfeinerung sind, so Elias, die »Dämpfung der Triebe«, »Affektregulation« und die Ausbildung eines kontrollierenden Über-Ichs. Anders gesagt: Um sensibel zu werden, müssen wir uns zähmen, »Fremdzwänge (…) in Selbstzwänge verwandeln«[4] und regulierende Scham- und Peinlichkeitsgefühle ausbilden (vgl. Kapitel I).

Was Norbert Elias beschreibt, ist ein komplexes Ineinandergreifen von ›kalter‹ Disziplinierung und ›warmer‹ Sensibilisierung, von Normierung und Scham, von Selbstkontrolle und empfindsamer Welt- wie Selbstwahrnehmung. Deutlich stellt der Soziologe heraus, dass der Mensch den kulturellen Anforderungen kaum genügen kann, ohne selbst Schaden zu nehmen; eine Beobachtung, die sich mit zentralen Einsichten der Psychoanalyse deckt: Die zunehmende Zivilisierung hat eine dunkle Seite, die sich auch in ihrer Fragilität zeigt.

Entsprechend ist die Sensibilisierung als historische Entwicklung gewiss nicht bruch- und widerspruchslos. Im 20. Jahrhundert zeugen zwei verheerende Weltkriege und die Shoah eindrücklich von der Grausamkeit, die im Menschen wohnt und unter bestimmten Bedingungen hervorbricht. In seinem Buch »Verhaltenslehren der Kälte« analysiert der Historiker Helmut Lethen hellsichtig die Handlungsanleitungen zur Distanz und inneren Verpanzerung zwischen den Weltkriegen. Die Schriften von Ernst Jünger aus dieser Zeit dienen Lethen als Beleg. Gleichzeitig geben Jüngers Aufzeichnungen tiefen Einblick in die psychischen Mechanismen, die den Menschen nicht nur zu unvorstellbarer Gewalt befähigen, sondern ihn auch Unvorstellbares aushalten lassen (vgl. Kapitel IV).

Damit wäre ein zentraler Punkt berührt, den dieses Buch nach und nach freizulegen versucht: Auf ebenjene ›Kälte‹ der genannten Traditionslinie ist entscheidend zurückzuführen, dass der Appell an die Widerstandskraft in unseren Tagen hart und unsensibel oder, mit Klaus Theweleit gesprochen, männlich klingt. Theweleits berühmter These zufolge lebt der Faschismus in der Verpanzerung des Mannes und der gewaltsamen Abwehr der Frau fort: Das Faschistische sei beschreibbar als eine »Ausgeburt entfesselter Männergewalt«[5], als »Normalfall des Mannes unter kapitalistischen/patriarchalischen Bedingungen«[6]. Aus Theweleits »soldatischem Mann« der ersten zwei Weltkriege ist heute der »toxische Mann« geworden.

Resilienz und Sensibilität: ein, so scheint es, unvereinbarer Gegensatz, der sich im Widerstreit der politischen Positionen spiegelt. Widerständig zu sein wird gleichgesetzt mit Gefühllosigkeit. Mit der Unfähigkeit, etwas an sich heranzulassen. Resilienz, so die weit verbreitete Auffassung gerade im linken politischen Spektrum, ist eine männliche, neoliberale Selbst-optimierungsstrategie, die unvereinbar ist mit Empathie und Solidarität.

Die Herkunft des Wortes ›Resilienz‹ scheint dieser Deutung durchaus recht zu geben. Das lateinische *resilire* meint zu Deutsch: zurückspringen, abprallen. Ursprünglich stammt das Wort aus der Physik und bezeichnet die Eigenschaft von Körpern, nach der Verformung durch eine Außenstörung in ihren Ausgangszustand zurückzukehren.

Doch wird zu zeigen sein, dass Resilienz und Sensibilität keineswegs notwendig in Opposition stehen. Das tun sie nur, solange sie verabsolutiert werden. Vor diesem Hintergrund stellt sich auch die Frage, ob die ›Kältelehren‹ nicht doch Punkte enthalten, die es gerade heute wieder zu entdecken gälte. So offenbart sich bei dem Versuch, die Schriften Jüngers mit Freud zu lesen, dass sich unterhalb der Kriegs- und Gewaltverherrlichung ein Lebensdrang artikuliert, der bei traumatischen Erfahrungen höchster Ohnmacht rettend sein kann (vgl. Kapitel IV und V).

Auch das Werk Friedrich Nietzsches zeugt bei näherem Hinsehen nicht einfach von Verpanzerungsfanatismus. Hohe Verletzlichkeit und plastische Widerstandsfähigkeit gehen in seinen Schriften eine unauflösliche Verbindung ein (vgl. Kapitel II). Solche Berührungspunkte zwischen Sensibilität und Resilienz gilt es in diesem Buch herauszuarbeiten: Denn wenn es gelänge, die Resilienz mit der Kraft der Empfindsamkeit in ein Bündnis zu bringen, wäre der Konflikt, der gegenwärtig die Gesellschaft spaltet, in etwas Drittem aufgehoben.

Dass die Beziehung von Sensibilität und Abwehrkraft im allgemeinen Sinn grundsätzlich viel dialektischer ist, als es auf einen ersten Blick scheint, zeigt sich auch im Zivilisations-prozess selbst. Urbanisierung und Technisierung machen den Menschen dünnhäutig und reizbar; sein Schutz ist die psychische Abschottung. Bereits am Anfang des 20. Jahrhunderts diagnostiziert der Soziologe Georg Simmel eine »Blasiertheit«[7] des Großstadtmenschen, der sich von den vielen Reizen der Außenwelt wie auch gegen etwaige Ansprüche abschirmt, um ihnen überhaupt standhalten und einen Raum innerer Freiheit ausbilden zu können. Paul Valéry stellt eine ganz ähnliche Diagnose: »Nach einer Phase der Verfeinerung« sei die Sensibilität beim modernen Menschen »im Abnehmen begriffen«, die ständige Reizüberflutung führe schlussendlich zur »Abstumpfung«[8]. Eine Feststellung, die sich heute als zutreffender denn je zu erweisen scheint: Schauen doch weite Teile der Bevölkerung, anstatt ihre Umwelt auch nur aus den Augenwinkeln wahrzunehmen, starr und stur auf ihr Smartphone.

Überreizung und Desensibilisierung sind zwei Seiten einer Medaille:[9] Vor diesem Hintergrund erscheinen auch die Verwerfungen der Gegenwart noch einmal in einem anderen Licht. Teile der Gesellschaft reagieren auf neu formulierte Ansprüche von Minderheiten mit einer ähnlichen Blasiertheit wie Simmels überforderte Großstadtmenschen. Umgekehrt sind auch die wache (*woke*) Wahrnehmung von diskriminierenden Implikationen und die entsprechende Beherrschung von politisch korrekten Sprachcodes bisweilen von blasierter Arroganz gezeichnet, die sich wie ein Schutzfilm über die eigene Verletzlichkeit legt.

Historisch ist zu beobachten, dass gerade auf Phasen extremer Gewalt entscheidende Sensibilisierungsschritte folgen. So haben die schwersten weltumspannenden Verbrechen des 20. Jahrhunderts, in denen die Kältelehren ihren schrecklichen Höhepunkt fanden, zu dem menschheitsgeschichtlich vielleicht größten Sensibilisierungsschub geführt. Hervorgegangen aus der Erfahrung zweier Weltkriege und der systematischen Ermordung der europäischen Juden ist immerhin, unter anderem, 1949 das deutsche Grundgesetz, dessen erster Artikel lautet: »Die Würde des Menschen ist unantastbar.« Weder der Staat noch ein anderer Mensch, dies besagt der Satz, hat das Recht, die menschliche Würde *anzutasten*, das heißt: zu berühren.

Tastsinn und Takt, Feinmotorik und Fingerspitzengefühl kommen in dieser so sinnlichen Formulierung von der unantastbaren Würde zusammen. Verhärtungs- und Verpanzerungsansprüche gehören ab jetzt – und zwar aus guten Gründen – in ein vergangenes Kapitel der Geschichte. Die Sensibilität ist es, die von nun an die Geschicke bestimmt und den Schutzraum des Subjekts über dessen Leiblichkeit hinaus ausweiten soll. Tatsächlich ist mit dem Schutz der Würde, von dem das Grundgesetz spricht, weit mehr gemeint als nur der Schutz vor körperlicher Gewalt. Ja, was die menschliche Würde genau ist, was sie berührt, gar verletzt, ab wann ein Mensch einem anderen, im buchstäblichen Sinn, zu nahe tritt, die Grenze des Respekts überschreitet, ist keineswegs für alle Zeiten festgesetzt und klar umgrenzt, sondern, je nach Grad der gesellschaftlichen Empfindsamkeit, hart umstritten und höchst wandelbar. Stand bis vor wenigen Jahren handfeste Gewalt im Zentrum des Sexualstrafrechts, kann seit der Reform im Jahr 2016 auch ein falsch gedeuteter Wille rechtliche Konsequenzen haben. Galt es für die längste Zeit der Menschheitsgeschichte als unproblematisch, von »Frauen« und »Männern« zu sprechen und ihnen bestimmte biologische Merkmale zuzuweisen, wird dies heute als »transfeindlich« empfunden, also diskriminierend gegenüber Menschen, die in keine dieser Kategorien hineinpassen. War es bis in die 1990er Jahre hinein unverdächtig, mit Schokolade überzogene Zuckerschäume mit einem diskriminierenden Ausdruck zu bezeichnen, ist das ›N-Wort‹ heute klar als rassistisch und verletzend, als eine Form unzumutbarer sprachlicher Gewalt anerkannt.

Die Sensibilisierung der Gesellschaft ist, unbestreitbar, ein wesentlicher Faktor zivilisatorischen Fortschritts. Plurale, hochkomplexe, ausdifferenzierte Gesellschaften sind, auch aufgrund ihrer räumlichen Verdichtung, fundamental angewiesen auf Individuen, die eigene wie fremde Belange sensibel wahrzunehmen vermögen. Doch erleben wir gerade, wie just diese konstruktive Kraft der Sensibilität in Destruktivität umzuschlagen droht: Anstatt zu verbinden, trennt uns die Empfindlichkeit. Sie zersplittert Gesellschaften in Gruppen, wird gar zur Waffe, und zwar auf beiden Seiten der Frontlinie.

Den Kern des Kampfes bildet dabei die Frage, ob es das Individuum ist, das an sich arbeiten muss, um widerstandsfähiger zu werden – oder ob vielmehr die Welt um es herum sich zu ändern hat. Ist das ›N-Wort‹ auf einer Theaterbühne ganz einfach Kunst und also zumutbar – oder handelt es sich um unzumutbaren Rassismus? Ist Anmache an der Hotelbar, ein Blick auf den Busen oder ein Kompliment vom Chef Teil eines erotischen Spiels – oder unerträglicher Sexismus? Sind wir dabei, zu Prinzessinnen auf der Erbse zu werden, die jede noch so kleine Störung als unzumutbar empfinden – oder handelt es sich bei diesen vermeintlichen Nichtigkeiten vielmehr um strukturelle Gewalt, die es mit allen Mitteln zu bekämpfen gilt? Zugespitzter: Wann ist individuelle Evolution gefragt –

und wann gesellschaftliche Revolution? Wann Widerstandskraft und wann eine Transformation der Verhältnisse?

Fragen, auf die es bislang, so scheint es, keine wirklich befriedigende Antwort gibt. Die US-amerikanische Philosophin Judith Butler etwa positioniert sich (auch wenn sie, wie noch zu zeigen sein wird, insgesamt eine durchaus ambivalente Position hat) deutlich auf der Seite der Revolution, wenn sie meint: »Wird jemand durch eine rassistische oder homophobe Äußerung oder Handlung verletzt, ist das eine persönliche Erfahrung. Doch der Akt und seine Wirkung aktivieren eine soziale Struktur. Das Gleiche gilt für sexuelle Belästigung (…): Belästigung besitzt stets eine individuelle Form der Handlung, und doch bildet die Form der Handlung oder Handlungsweise eine gesellschaftliche Struktur ab und reproduziert diese.«[10] So zutreffend und wichtig der Hinweis ist, dass Verletzungen mehr sein können als nur private Befindlichkeiten, so sind sie es doch keineswegs immer. Tatsächlich klärt Butler nicht, was genau eine Struktur ist, wo Rassismus, Homophobie und Sexismus beginnen. Ist die Frage »Wo kommst du her?« schon Rassismus oder nur eine harmlose, interessierte Nachfrage? Wo fängt Sexismus an: erst beim Griff an den Po oder schon beim Gebrauch des generischen Maskulinums? Agiert bereits homophob, wer etwa darauf beharrt, dass es ein Unterschied ist, ob ein Kind zwei gleichgeschlechtliche Menschen oder Mann und Frau als Eltern hat? Oder handelt es sich hier bloß um eine wertfreie Differenzierungsleistung? Und wie gehen wir damit um, dass nicht alle Angehörigen einer Gruppe gleich empfinden? Was die einen als unzumutbar wahrnehmen (etwa die Bezeichnung ›schwarz‹), ist für andere eine geeignete Identifikationsmöglichkeit.

Der Soziologe Andreas Reckwitz wiederum steht, anders als Judith Butler, eher auf der Seite der Evolution. So begrüßt Reckwitz ausdrücklich die zunehmende Sensibilisierung der Gesellschaft und weist darauf hin, dass diese eine verfeinerte Wahrnehmung nicht nur für positive, sondern auch für ambivalente und negative Gefühle hervorbringe. Genau diese unangenehmen Gefühle seien wir aber nicht mehr bereit zu akzeptieren, argumentiert Reckwitz, und verweist auf die aus seiner Sicht problematische Konjunktur der positiven Psychologie: »Sensibilität ja, aber bitte nur verknüpft mit positiven Gefühlen! Sensibilität ja, aber als Sinn für wohlgestaltete ästhetische Formen, als Sinn für rücksichtsvolles Miteinander, als Sinn für die Gestaltung des Wohlbefindens von Körper und Seele. Eine Wohlfühlsensibilität.«[11]

So augenöffnend diese Beobachtung ist, kann auch sie Schlagseite bekommen: Einer Person of Colour, die auf dem Weg zur Arbeit aufgrund ihrer Hautfarbe Beschimpfungen erlebt, zu sagen, sie müsse auch offen sein für negative Gefühle und diese zu ertragen lernen, ist sicher nicht das, was Reckwitz meint. Die Gemengelage ist bei genauerem Hinsehen komplizierter: Nicht jeder Schmerz muss ausgehalten, aber auch nicht jeder Schmerz gesellschaftlich verhindert werden.

Nun maßt sich dieses Buch nicht an, letztgültige Formeln der Zumutbarkeit aufzustellen, im Sinne von: Was darf man, was darf man nicht? Vielmehr geht es darum, das Unzumutbare gerade in den Verabsolutierungstendenzen zu identifizieren, die sich auf beiden Seiten der Frontlinie wiederfinden. Unzumutbar ist eine verabsolutierte Resilienz, weil sie die Ansprüche der anderen an sich abprallen lässt. Unzumutbar ist aber auch eine verabsolutierte Sensibilität, weil sie den Menschen auf ein verletzliches, schützenswertes Wesen reduziert, das sich nicht selbst zu helfen weiß. Die Grenze des Zumutbaren verläuft im Spannungsfeld dieser beiden Pole und verweist auf ein neues Selbst- und Weltverhältnis, das es noch zu finden gilt (vgl. Kapitel X).

LEIBLICH, PSYCHISCH, ETHISCH, ÄSTHETISCH: DIE VIER DIMENSIONEN DER SENSIBILITÄT

Im Folgenden werden vier Dimensionen der Sensibilität eine zentrale Rolle spielen. Weil sie in einem engen Bedingungsverhältnis zueinander stehen, sich also überlappen und wechselseitig durchdringen, werden sie das Buch nicht inhaltlich gliedern. Sie helfen aber, den Gegenstandsbereich zu systematisieren. Die vier Dimensionen sind:

Die leibliche Sensibilität. Sie macht uns zunehmend empfindsam für Schmerz und Fremdkörper und lässt uns auch den zumutbaren Abstand zum anderen immer wieder neu vermessen. Die Durchschlagskraft der MeToo-Bewegung ist ein eindrückliches Beispiel dafür, wie sehr sich das Gefühl für Übergriffigkeit in den vergangenen Jahren im Vergleich zum 20. Jahrhundert verfeinert hat. Durch die Corona-Pandemie erhält die »Berührungsfurcht«, um einen Ausdruck Elias Canettis zu gebrauchen, virologische Legitimität: Die angemessene Distanz zum anderen wird buchstäblich zu einer Angelegenheit des Zollstocks.

Die psychische Sensibilität. Sie resultiert historisch gesehen aus der Transformation von Fremdzwängen in Selbstzwänge und geht, wie die leibliche Sensibilität, mit Reizbarkeit und Feinfühligkeit einher. Auch ist die Ausweitung des Gewaltbegriffs auf verletzende Sprache, Bilder etc. hier bedeutsam, führt sie doch unweigerlich zu einer niedrigeren Toleranzschwelle für Außeneinwirkungen.[12] Der abwertende Begriff »Snowflake« wendet die psychische Sensibilität – als vermeintliche Hypersensibilität – ins Polemische: Als »Snowflakes« werden auf abwertende Weise Menschen bezeichnet, die sich einzigartig wähnen, keine gegenteiligen Meinungen aushalten und extrem empfindlich gegen Reize und Zugriffe von außen sind. Unter anderem die Debatte über Trigger-Warnings und Sprachsensibilität, aber auch die Tendenz gesellschaftlicher Singularisierung[13] sind hier angesiedelt.

Die ethische Sensibilität. Sie findet im 18. Jahrhundert ihre philosophische wie literarische Entfaltung und meint, allgemein gesprochen, die Fähigkeit, mit anderen mitzufühlen. Aus Sicht der Historikerin Lynn Hunt ist es alles andere als ein Zufall, dass just in jenem Jahrhundert, in dem die Empathie zum systematischen Gegenstand der Philosophie wurde und die Briefromane Jean-Jacques Rousseaus und Samuel Richardsons tiefe Identifikation mit leidenden Frauenfiguren zu stiften vermochten, auch die Menschenrechte erklärt wurden. Globale Bewegungen wie Black Lives Matter und MeToo oder auch, in kleinerem Maßstab, die verbreitete Solidarität mit der Transgender-Community wären ohne diese Form der Sensibilität undenkbar.

Und schließlich die *ästhetische Sensibilität.* Sie bezeichnet eine Empfindsamkeit für das Schöne wie das Hässliche, die sublimierte Lust des »Augenmenschen« (Elias) und das spätmoderne Begehren nach Besonderheit und »Resonanz«. In seinem Buch dieses Namens analysiert der Soziologe Hartmut Rosa die Sehnsucht nach einer antwortenden Welt, die den Menschen nicht kaltlässt, sondern *berührt*. Die ästhetische

Erfahrung ist ihm zufolge die Resonanzerfahrung schlecht-hin.[14]

ZIEL DIESES BUCHES

Ein Verhaltenskodex darf hier genauso wenig erwartet werden wie eine vollumfängliche wissenschaftliche Studie der Sensibilität. Bezugspunkt ist vielmehr die Gegenwart mit ihren konkreten, oben beschriebenen Problemlagen. Nur wenn die zunehmende Sensibilisierung tiefer verstanden wird, lassen sich die progressiven und regressiven Tendenzen des Prozesses erkennen. Ziel dieses Buches ist es, die Sensibilität in ihrer Dialektik zu beleuchten und ihr Verhältnis zur Widerstandskraft neu zu fassen, um so Wege aus den Krisen unserer Zeit zu finden.

I: PROZESS DER SENSIBILISIERUNG

GESCHICHTE DER ZIVILISATION
MIT NORBERT ELIAS

Die Gegenwart mit ihren Verwerfungen hat eine lange Geschichte, in der sich die menschliche Sensibilität nach und nach herausgebildet hat. In seinem berühmten Werk »Über den Prozeß der Zivilisation« beschreibt der Soziologe Norbert Elias diese Entwicklung ausführlich und konkret anhand von Praktiken wie Tischsitten, Hygieneregeln oder Ehebräuchen. Machen wir an dieser Stelle einen radikalen Zeitsprung und unternehmen ein kleines Gedankenspiel, um den zivilisatorischen Weg, den der Mensch im Lauf der letzten Jahrhunderte zurückgelegt hat, zu veranschaulichen. Wir befinden uns im europäischen Mittelalter und stellen uns einen circa dreißigjährigen Mann im 11. Jahrhundert vor – und zwar so, wie sich sein Leben unter Rückgriff auf Elias erschließen lässt. Nennen wir ihn Johan.

Johan ist Ritter. Seine Ausbildung begann im Kindesalter. Gewalt gehört zu seinem Leben, er kennt es nicht anders. Rücksichtnahme oder Fürsorglichkeit kommen in seiner Welt genauso wenig vor wie gewisse für uns heute übliche Grundregeln des Benehmens. Johan schnäuzt sich ganz selbstverständlich in die Finger. Beim Essen an einer großen Tafel nimmt er sich mit derselben Hand Fleischstücke direkt von der Platte auf der Mitte des Tisches, wo das getötete Tier kurz zuvor zerteilt wurde. Gabel und Löffel gibt es ebenso wenig wie Taschentücher, sein Essen führt sich Johan mit seinem eigenen Messer zwischen die Zähne, das er aus guten Gründen stets bei sich trägt.[1] Wenn Johan Hunger hat, macht er sich über das Fleisch her, tunkt gierig sein angebissenes Stück in die gemeinsame Soßenschüssel, schmatzt, schnaubt, spuckt und nimmt auch beim Sprechen kein Blatt vor den Mund. Schmeckt es ihm nicht, sagt er es. Alle Themen, auch Reizthemen, spricht er an, wie ihm der Schnabel gewachsen ist,[2] Verletztheiten anderer, sollte es sie überhaupt geben, verlaufen unterhalb seiner Wahrnehmungsschwelle. Das Glas teilt sich Johan mit seinen Sitznachbarn, oft schwimmen Brotkrumen und Essensreste im Getränk, was Johan aber nicht weiter stört. Wenn er zwischendurch den Drang verspürt, seine Notdurft zu verrichten, hockt er sich in einen Gang. Wird er nachts vom Harndrang geweckt, pinkelt er in eine Ecke des Schlafzimmers. Ob er bei seiner Entleerung gesehen wird, ist ihm ganz gleich. Ebenso, ob andere ihn nackt zu Gesicht bekommen. Sich entblößt vor sozial Niederstehenden zu zeigen, ist völlig normal. Im Bad wird Johan von Frauen bedient. Auch der Nachttrunk wird ihm von Frauen gereicht, was für einen Mann wie ihn, der sich auch sexuell keine Grenzen setzt, gewisse Vorteile birgt.[3] »Es ist nicht peinlich, es ist die natürliche und selbstverständliche Ordnung der Welt, daß die Krieger, die Edlen, Muße haben, sich zu vergnügen, und daß die anderen für sie arbeiten«, schreibt Norbert Elias im ersten Band seines Werks. »Es fehlt die Identifizierung von Mensch zu Mensch.«[4] Noch deutlicher wird er ein paar Seiten später: »Ihre Affekte (die der Krieger; SF) befriedigt es, sich von den anderen unterschieden zu wissen. *Der Anblick des Kontrastes erhöht die Lust am Leben.*«[5]

Als Johan heiratet, sieht es der Brauch vor, dass er den Geschlechtsakt mit seiner Angetrauten – ihr Name sei Christiane – im Brautgemach vor Zeugen vollzieht. Nur dann ist die Ehe gültig (»Ist das Bett beschritten, ist das Recht erstritten«[6]).

Als Ritter lebt und brennt Johan ganz und gar für den Kampf. Seine einzige wirkliche Sorge ist, von einem Stärkeren besiegt zu werden, Härte und Widerstandsfähigkeit sind überlebenswichtig. Johans eigenen Grausamkeiten indes gebietet niemand Einhalt. Keiner legt die Hand schützend über die Schwachen und Wehrlosen. Johan plündert Kirchen, vergewaltigt, quält Witwen und Waisen, verstümmelt seine Opfer. Einmal hat er in einem Kloster hundertfünfzig Männern und Frauen die Hände abgeschnitten und die Augen ausgequetscht. Christiane ist übrigens nicht zimperlicher als ihr Mann, im Gegenteil. Niederstehenden Frauen lässt sie die Brüste abschneiden oder die Nägel ausreißen.[7] Die eigene Gewaltbereitschaft ist für Johan lebenswichtig und lustbesetzt. Herrscht gerade kein Krieg, kämpft Johan in Turnieren, die nicht weniger brutal verlaufen. Wer die »Entzückung«[8] des Tötens nicht besitzt, stirbt schnell.

Vor diesem Hintergrund braucht kaum noch gesagt zu werden, dass Johan keinen Sinn hatte, ja haben konnte für die Schönheit der Umwelt. Natur: Das war Gefahr und barg jederzeit die Möglichkeit eines Hinterhalts, der früh genug erkannt werden musste. War er in Wäldern oder auf dem freien Feld unterwegs, spähte er nur nach Feinden.

Kommen wir zur Gegenwart. Circa tausend Jahre später: Aus Johan ist Jan geworden. Wohnhaft in einer Großstadt, verheiratet, zwei Kinder im Grundschulalter. Sozialer Status: gehobene Mittelklasse.

Jan wurde, als er selbst klein war, kein einziges Mal geschlagen. Nie käme es ihm in den Sinn, Hand anzulegen, auch bei seinen Kindern setzt er selbstverständlich auf die Kraft von Zuwendung und Diskurs. Er nimmt sich Zeit für sie, schmust und spricht ausführlich mit ihnen, fühlt sich ein in ihre Welt. Wenn er seiner sechsjährigen Tochter »Pippi Langstrumpf« vorliest (die Ausgabe stammt noch aus seiner eigenen Kindheit), lässt er das ›N-Wort‹ weg und sagt stattdessen »Südseekönig«, damit sein Kind die Bezeichnung, mit der schwarze Menschen jahrhundertelang herabgewürdigt wurden und immer noch werden, gar nicht erst in seinen Wortschatz übernimmt. Gehört dieses verletzende Wort doch, davon ist Jan überzeugt, aus dem kulturellen Gedächtnis getilgt. Ganz grundsätzlich respektiert er die Vulnerabilität anderer, versucht ihren Schmerz nachzuempfinden, anstatt ihn zu bewerten.

Sein Beruf, er ist Deutsch- und Politiklehrer am Gymnasium, erlaubt es Jan, viel zu Hause zu sein und sich zu kümmern. Er kocht gern und, aus ethischen Gründen, nur vegetarisch. Tiere seien leidensfähige Wesen, die einen tiefen, drängenden Lebenswillen in sich trügen: Welchen anderen Schluss als den Verzicht lasse dieser Tatbestand zu, so Jan, wenn Freunde ihn auf seinen Vegetarismus ansprechen.

Jans Frau Tine arbeitet ganztags als Redakteurin beim Radio und kehrt wochentags erst zurück, wenn das Abendessen auf dem Tisch steht. Durch sie wurde Jan schon vor vielen Jahren für die Problematik des generischen Maskulinums sensibilisiert, das zwar rein grammatikalisch geschlechtsneutral ist, aber eben doch in der Imagination ausschließlich Männer aufruft. »Oder woran denkst du bei dem Satz ›Alle Schüler haben heute hitzefrei‹? An Mädchen oder an Jungen?«, hatte Tine ihn damals gefragt.

Seither verwendet Jan, so wie Tine in ihren Sendungen, den Unterstrich. Sagt in Konferenzen »Schüler_innen«, um auch Sascha und Alex aus seinem Oberstufenkurs, die sich nonbinär, also weder männlich noch weiblich verstehen, zu repräsentieren. Der Unterstrich, hatte Jan älteren Kollegen vor einigen Monaten im Lehrerzimmer erklärt, die sich über seinen Sprachgebrauch mokierten, gebe dritten, vierten, fünften Geschlechtern Raum; das stumpfe Beharren auf nur zwei Geschlechtern sei »transphobisch«. Auf die spöttelnde Bemerkung, dass gerade er als Deutschlehrer ein Gefühl für die Ästhetik der Sprache haben sollte, die durch so einen »Neusprech« zerstört würde, entgegnete Jan: Ob die Ethik nicht die Ästhetik letztlich schlage, wenn Schönheit doch nur Ungerechtigkeit verdecke wie ein Feigenblatt. Was an dem Wunsch, alle Geschlechter abzubilden, mit Blick auf eine brutale, patriarchale Geschichte, die sich auch und gerade in der Sprache zeige, falsch sei. Übrigens trügen, so fügte Jan angesichts des gespannten Schweigens der Kollegen hinzu, seine Kinder aus genau diesem Grund auch den Nachnamen der Mutter. Väter hätten ihre Namen schließlich lange genug vererbt, und ihm breche nun wahrlich kein Zacken aus der Krone. Zumal er auch ohne die Symbolik des Namens tief, nämlich emotional, mit seinen Kindern verbunden sei. Die Kollegen machten daraufhin Witze, ob Jan nicht lieber gleich Röcke tragen wolle; rationale Gegenargumente aber brachten sie nicht vor.

Mit der MeToo-Bewegung hat sich Jan aus Überzeugung und Mitgefühl solidarisiert – auch wenn er sich durchaus der Problematik bewusst ist, dass er als Mann nicht zu wissen vermag, wie eine Frau sich fühlt, und schon deshalb nicht für sie sprechen kann. Seine Frau Tine hat selbst einmal sexuelle Belästigung erlebt. Der Übergriffige war ein Redakteur kurz vor dem Ruhestand, sie noch Praktikantin. Sein selbstsicheres Lächeln, während er mit seiner Hand wie aus Versehen ihre Brust streifte, werde sie nie vergessen, so hat sie Jan, als MeToo gerade anfing Fahrt aufzunehmen, abends beim Rotwein erzählt. Gut und richtig finden beide, dass es der »toxischen Männlichkeit« nun an den Kragen geht und Frauen vor ihr geschützt werden.

Jan und Tine schlafen nicht mehr so oft miteinander wie früher. Tines Körpergefühl hat sich durch die Geburten der Kinder verändert, sie verspürt selten Lust und braucht, seitdem sie Mutter ist und die Kinder ihre Nähe suchen, mehr körperlichen Abstand. Jan hat dafür, auch wenn er die Berührung und den Sex manchmal vermisst, tiefes Verständnis. Wenn er ihr abends im Bett leicht über den Oberarm streicht und seine Berührung unerwidert bleibt, sagt er zärtlich »Gute Nacht«. Wer ist er schließlich, dass er den Willen seiner Frau missachtet.

Jan hat, das weiß er selbst, ein Bedürfnis nach Harmonie, fühlt sich nur wirklich wohl, wenn das Ganze stimmt. Aus diesem Grund empfand er auch die entsprechenden Einschränkungen in den Hochphasen der Corona-Krise nicht so sehr als Eingriff in seine Freiheit, sondern vielmehr als gemeinsames Projekt: Maske tragen, Abstand halten und gegenseitige Rücksichtnahme sind aus seiner Sicht eine Chance, Werte wie Solidarität, Empathie und Fürsorge endlich tief in der Gesellschaft zu verankern – und zwar auch über Ländergrenzen hinweg: Hat uns das Virus nicht gezeigt, wie vernetzt wir miteinander sind? Und wie verletzlich der Mensch auch heute noch ist?

Wobei Jan das auch schon vor Corona wusste. Und lebte, ganz konkret. Als 2015 ›Geflüchtete‹ (das Wort ›Flüchtlinge‹ vermeidet Jan aufgrund der degradierenden Verniedlichung) nach Deutschland kamen, erkannte er deutlich ihre Not und unterrichtete drei junge, schwer traumatisierte syrische Männer zu Hause am Küchentisch in Deutsch.

Sein Ich veranschlagt Jan nicht übermäßig hoch; gleichwohl hat er ein ausgeprägtes Empfinden für den eigenen Körper, den er pflegt und auf den er hört. Er raucht, auch aus Rücksicht auf seine Umwelt, nicht, trinkt wenig und läuft drei Mal in der Woche vierzig Minuten im Park. Wenn er sich erschöpft fühlt, geht er früh zu Bett und schläft sich aus; die Latexmatratze, die er und Tine sich vor einem Jahr aufgrund seiner chronischen Rückenleiden geleistet haben, war jeden Cent wert. Auch jenseits des Schlafzimmers ist der geteilte Lebensraum für Jan keine Nebensächlichkeit, sondern wesentlich für das Wohlbefinden und das Miteinander. Mit viel Feingefühl hat er die Wohnung gemeinsam mit Tine gestaltet, die Möbel sind Einzelstücke, hergestellt aus alten Holzdielen von einem umweltbewussten Tischler. Tine und er sind Augenmenschen, mit einem ausgeprägten Gespür auch für die Schönheit der Natur. Als Familie unternehmen sie regelmäßig mit S-Bahn oder Rad (ein Auto besitzen sie aus ökologischen Gründen nicht) Ausflüge ins Umland, um zu baden oder zu wandern und die Kinder auch für die Schäden des Klimawandels zu sensibilisieren. Seht ihr die trockenen Baumkronen? Den tiefen Wasserstand im See? Solche Fragen stellt Jan oft, was vor allem seinen Sohn sehr beunruhigt. Von seinem Vater weiß er, dass der Mensch Teil eines sensiblen Systems ist, das er nicht zerstören darf, wenn er selbst überleben will. Seit einigen Wochen gießt der Achtjährige auf eigenen Wunsch, wenn er von der Schule kommt, mit einer grünen Gießkanne die Linde vor dem Haus.

VERFEINERUNG DES VERHALTENS

Diese Beschreibungen sollen genügen, um die gewaltige Entwicklung der vergangenen Jahrhunderte einigermaßen plastisch werden zu lassen. Vom gierigen Fleischfresser zum umsichtigen Vegetarier, vom rücksichtslosen Vergewaltiger zum sprachsensiblen Feministen, vom sadistischen Feindesbezwinger zum empathischen Flüchtlingshelfer und Umweltfreund, vom Eckenscheißer und Händeschnäuzer zum gepflegten Ästheten: Was für eine enorme Transformation des Gattungswesens Mensch! Was für eine, um die entscheidenden Begriffe von Norbert Elias ins Spiel zu bringen, ungeheure »Affektregulierung« und »Dämpfung der Triebe«! Kulturleistungen, die, wie der Soziologe ausführt, zu einer »Veränderung des menschlichen Verhaltens und Empfindens in einer ganz bestimmten Richtung«[9] führen: nämlich zu einer ansteigenden Disziplinierung und Sensibilisierung des Selbst.

Tatsächlich ist Johan als mittelalterlicher Ritter in seiner Unempfindlichkeit und Grobschlächtigkeit, folgt man Elias, einer der Letzten seiner Art. Setzt doch im 13. Jahrhundert, wie der Soziologe aus Erziehungsbüchern und Tischzuchten jener Zeit erschließt, ein verstärkter äußerer Druck ein, sich zusammen- und zurückzunehmen. Ein wesentlicher Grund hierfür ist der Übergang von der ungebundenen Ritterschaft zum gesitteten Hofadel: Die Ritter banden sich ab dem 12. Jahrhundert verstärkt an Höfe und wurden so regelrecht domestiziert. Der Hof schenkte den Kriegern mehr Sicherheit für Leib und Leben, verlangte ihnen aber gleichzeitig eine Verfeinerung, im buchstäblichen Sinne Verhöflichung des Verhaltens ab. Die dem mittelalterlichen Dichter Tannhäuser zugeschriebene »Hofzucht« aus dem 13. Jahrhundert und später die Erziehungsanleitung »De civilitate morum puerilium« (1530) des Humanisten Erasmus von Rotterdam sind für Elias Zeugnisse dafür, dass der Mensch im höfischen »Verflechtungszusammenhang« mit all seinen Abhängigkeiten und Druckverhältnissen zu einer erhöhten Empfindsamkeit für eigene Ausdünstungen, Störgeräusche, Übertretungen und Aggressionen angehalten war.

Ein schönes Beispiel für den letzteren Aspekt, die Aggression, ist der Umgang mit dem Messer. Nicht nur als reale Waffe, sondern vor allem als Symbol menschlicher Angriffslust wurde es in seinem Gebrauch mehr und mehr eingehegt und zurückgedrängt. Man überreiche es einem anderen Menschen immer mit dem Griff nach vorn, nie mit der Spitze, so wurde bereits im 16. Jahrhundert geraten. Auch gilt es bis heute als unfein, Eier oder Kartoffeln mit dem Messer zu schneiden; man verwende es bitte nur, wenn unbedingt nötig. Gleichermaßen gehört es sich nicht, Freunden ein Messer zu schenken. So wird dieser Gegenstand im Prozess der Zivilisation zunehmend tabuisiert, weckt sein Einsatz doch negative Assoziationen an eine längst vergangene Zeit.

DISZIPLINIERUNG UND EMPFINDSAMKEIT

An die Stelle der äußeren Gewalt trat auf diese Weise nach und nach immer stärker eine innere: der Zwang zu rationaler »Langsicht« und »Affektneutralisierung«, deren emotionales Pendant die Etablierung von Scham- und Peinlichkeitsgefühlen war. Kühle Vernunft und brennende Scham, Disziplinierung und Empfindsamkeit: »verschiedene Seiten der gleichen, psychischen Transformation«[10], wie Elias schreibt. Entscheidende Antriebe, sich dieser Transformation zu fügen, waren wirtschaftliche Vorteile und Existenzmöglichkeiten, die man sich am Hofe erhoffte, sowie, noch entscheidender, Prestigegründe: Je verschiedener die Menschengruppen waren, die am Hof zusammenkamen, desto stärker war »der Zwang, den die Zugehörigkeit zu einer ›gehobenen‹ Schicht und das Verlangen, es zu bleiben, auf den einzelnen ausübt«[11].

Es ging somit, schlicht gesagt, um Distinktion durch eine erhöhte Empfindlichkeit für unsittliches oder unmoralisches Verhalten. Insofern ist folgerichtig, dass der Begriff der Sensibilität im 17. Jahrhundert einen neuen Gebrauch erfuhr: Verwendet wurde er als Bezeichnung der moralischen und sittsamen Eigenschaften von Edelmännern (vor allem Frankreichs) in der höfischen Gesellschaft.[12]

Wurden durch Gewaltmonopole und Staatenbildung die Befriedung des Alltagslebens wie auch die Durchmischung der Schichten unaufhaltsam vorangetrieben, schritt entsprechend die Sensibilisierung weiter voran: Aus dem Adel verbreitete sie sich nach unten ins Bürgertum und wirkte von dort als gesteigertes Distinktionsbegehren zurück nach oben. Eine Spirale, die jegliche Intimität aus dem Bereich des Öffentlichen ins Private verbannte und die das Verhalten, ob bei Tisch oder im

Bett, immer weiter verfeinerte: »Je mehr die starken Kontraste des individuellen Verhaltens sich abschwächen, je mehr die großen und lauten Ausbrüche von Lust oder Unlust durch Selbstzwänge zurückgehalten, gedämpft und gewandelt werden, um so größer wird die Empfindlichkeit für Schattierungen oder Nuancen des Verhaltens, um so sensibler werden die Menschen für kleinere Gesten und Formen, umso differenzierter erleben die Menschen sich selbst und ihre Welt in Schichten, die zuvor durch den Schleier der ungedämpften Affekte hindurch nicht ins Bewußtsein drangen.«[13] Im Zuge der Industrialisierung mit ihren immer komplexeren Arbeitsabläufen und dem zunehmenden Konkurrenzdruck und anwachsenden Städten mit größerer Bevölkerungsdichte wird die durch Selbstkontrolle hervorgebrachte Sensibilität regelrecht zum Schmiermittel funktionstüchtiger Gesellschaften. Entsprechend war sie auch als Zuschreibung längst nicht mehr für eine kleine edle Elite reserviert. Der Aufklärer Jean-Jacques Rousseau schrieb bereits im 18. Jahrhundert jedem Menschen die Fähigkeit zur Sensibilität zu, weil er sie gerade nicht in der gekünstelten Welt des Hofes verortete, sondern im natürlichen Hang zum Guten (vgl. Kapitel III).

Doch, so schränkt Norbert Elias unmissverständlich ein: Man sollte sich nicht der Illusion hingeben, dass der Prozess der Zivilisation abgeschlossen sei. Der Mensch werde durch tiefe innere Konflikte gepeinigt, die aus der beständigen, von Scham begleiteten Affektregulation resultieren, »sei es bei der Arbeit, bei der Geselligkeit oder Liebesspiel«[14]. Solange diese Ängste vor der eigenen Aggression, den inneren Trieben und Affekten den Menschen beherrschten, bleibe die Zivilisation ein Prozess. Seinen Abschluss findet er erst, wenn wir »den Einklang zwischen seinen gesellschaftlichen Aufgaben, zwischen den gesamten Anforderungen seiner sozialen Existenz auf der einen Seite und seinen persönlichen Neigungen und Bedürfnissen auf der anderen«[15] gefunden haben.

HÖHEPUNKT ALS KIPPPUNKT?

Nun hat Elias »Über den Prozeß der Zivilisation« in den 1930er Jahren geschrieben. Erschienen ist das Werk 1939. Zu einer Zeit also, in der Disziplin, Sexualmoral und Sitten weitaus strenger waren. Erinnern wir uns an dieser Stelle noch einmal an Jan. Den heutigen, sensiblen Jan, wie er aus tiefster Einsicht verletzende Wörter vermeidet und die Stimmung seiner neben ihm liegenden Frau feinfühlig wahrnimmt. Wie er – leiblich, psychisch, ethisch – sensibel ist für eigene wie fremde Bedürfnisse, eigene wie fremde Grenzen. Wie er auch die zivilisatorische Errungenschaft der ästhetischen Sensibilität, der »Augenlust«[16], par excellence verkörpert. Eine Lust, die der Mensch erstmals zu verspüren und zu kultivieren vermochte, als Natur und Umwelt keine Gefahr mehr darstellten, sondern sich der ästhetischen Wahrnehmung öffneten. Eine – im Gegensatz zu vielen anderen – kulturell wertvolle Lust, die Jan, empfindsam für Schönheit und Einzigartigkeit, in seinen unmittelbaren Lebensraum, seine Wohnung, übersetzt. Seine persönlichen Neigungen decken sich nachgerade geschmeidig mit den sozialen Anforderungen, die im Vergleich mit den 1930er Jahren weitaus weniger rigide sind und mehr Raum für individuelle Gestaltung lassen.

Ist also die kalte Disziplinierung komplett in die warme Sensibilität diffundiert? Markiert ein Mensch wie Jan nicht den Endpunkt dessen, was Elias in den 1930er Jahren noch als fortlaufenden Prozess beschrieb? Ist er nicht als leiblich, psychisch, ethisch und ästhetisch sensibilisierter Zeitgenosse der Beweis für die vollendete Zivilisierung? Schmerzvermeidung, Respekt und Rücksichtnahme, ein Gespür für eigene wie fremde Bedürfnisse, Grenzen und Verletzbarkeiten – wer würde diese Ideale und Eigenschaften nicht als Höhepunkt der Humanität bezeichnen (vgl. Kapitel III)?

Allein, so widerspruchsfrei ist die spätmoderne Existenz bei Lichte betrachtet keineswegs. Auch im 21. Jahrhundert sind Menschen genötigt, ihre Triebe zu hemmen, ihre Affekte zu regulieren. Die Disziplinierung wirkt auch dann fort, wenn sie nicht mehr so deutlich zu sehen und zu spüren ist. Je sensibler das Verhalten, desto stärker wurden die gesellschaftlichen Zwänge verinnerlicht. Um es frei mit dem Psychoanalytiker Jacques Lacan zu sagen: Das eigene Begehren ist immer auch das Begehren der Gesellschaft, deren Erfordernisse in Fleisch und Blut übergegangen sind.

Wie aber lässt sich die Empfindsamkeit, wie sie Jan und Tine verkörpern, dann fassen? Einen wichtigen Hinweis gibt Richard Sennett: »Die westlichen Gesellschaften befinden sich auf dem Weg von in gewissem Sinne außen-geleiteten zu innen-geleiteten Verhältnissen«[17], so der Philosoph: Nicht mehr allgemeingültige Formen des öffentlichen Umgangs, sondern Gefühle werden zunehmend handlungsleitend. Was verletzt mich oder andere? Wann tritt man mir oder anderen zu nahe? Wo übergehen Normen und Formen der Gesellschaft die individuelle Besonderheit und spezifische Vulnerabilität von Menschen (oder auch Lebewesen im Allgemeinen)?

Im Sinne dieser innen-geleiteten Logik wird auch die Sprache als überindividuelles System als verletzend empfunden, weil das Allgemeinverbindliche dem intimen Bedürfnis nach authentischer Repräsentation widerstreitet. Regeln bilden nicht länger den Rahmen, in dem sich das Spiel der Inszenierungen ereignen kann, sondern gelten als verletzende Missachtung des Selbst.

Dass Normen, Formen und festgezurrte Rollen als entfremdend, gar als Gewalt empfunden werden und benachteiligte Gruppen ihre Wahrnehmung zum Ausdruck bringen, ist nachvollziehbar: Wie sollte ein Kampf um Anerkennung geführt werden, wenn nicht verdeutlicht würde, wie sich die soziale Realität aus einer bestimmten, bislang vernachlässigten Perspektive darstellt und anfühlt? Pointierter: Menschen müssen sich in ihrer Verletztheit zeigen, müssen auf ihre Ethnie, ihr Geschlecht verweisen, um strukturelle Diskriminierungsdynamiken zu benennen.

Doch geht durch die Betonung des Authentischen und die Macht der Gefühle gleichzeitig eine wichtige Schutzfunktion verloren. Formen geben Halt und stiften Verbindung zwischen Individuen. Solange Menschen sich als öffentliche Personen begegnen, lassen sie das Intime, Private und damit auch ihr verletzliches Selbst hinter sich. Sennett beobachtet die von ihm diagnostizierte Entwicklung entsprechend mit Sorge: »Die Welt intimer Empfindungen verliert alle Grenzen; sie wird nicht mehr von einer öffentlichen Welt begrenzt, die eine Art Gegengewicht zur Intimität darstellen würde.«[18]

Durch die »Tyrannei der Intimität« steigt die Vulnerabilität automatisch, wie Robert Pfaller im Anschluss an Sennett herausarbeitet: »Menschen sollen auch in der Öffentlichkeit nur mehr als Privatpersonen gelten, an denen man am besten nicht anstreift, und nicht als öffentliche Rollen, denen man Austausch schuldet.«[19]

Die gesteigerte Verletzlichkeit wiederum ruft, so lässt sich diese Argumentation weiterspinnen, ein gesteigertes Bedürfnis nach Schutz hervor. Jans unausgesprochene Grundannahme lautet, dass die Welt sich der menschlichen Verletzlichkeit anpassen muss und nicht umgekehrt. Das ›N-Wort‹ muss unabhängig von seinem Kontext getilgt, das generische Maskulinum abgeschafft, Frauen vor sexueller Belästigung geschützt werden. Wo aber, so wenden die Gegner dieser Entwicklung ein, bleibt da die Stärke des Ich? Die Autonomie? Die Fähigkeit zum Selbstschutz?

Sensibilität versus Resilienz, Vulnerabilität versus Widerstandskraft: ein Verhältnis, das es im Folgenden zu vertiefen gilt.

II: DIE KRAFT DER WUNDE

RESILIENT ODER SENSIBEL: SELBSTTEST

Beginnen wir mit einem kleinen Spiel.

1. Sie sitzen im Theater, es wird Shakespeares »Othello« ge-
spielt, auf der Bühne wird das »M-Wort«[1] ausgesprochen.
A) Es fällt Ihnen gar nicht weiter auf. B) Sie sind geschockt
und verlassen den Saal.
2. Ein Kollege klopft bei der Arbeit einen dummen Spruch auf
Ihre Kosten. A) Sie weisen ihn auf die Übertretung hin.
B) Sie fühlen sich getroffen und ziehen sich zurück.
3. Sie sehen in den Abendnachrichten Bilder von einem ge-
kenterten Flüchtlingsboot, unter den Ertrunkenen sind
auch Kinder. A) Sie beginnen mit Ihrem Partner eine Diskussion darüber, wie solche Katastrophen zukünftig zu verhindern wären. B) Sie müssen sich spontan abwenden, weil
Sie die Bilder des Leids schlicht nicht ertragen.

Wenn Sie dreimal entschieden A) gewählt haben, sind Sie, so
lässt sich vermuten, nicht besonders empfindlich. Sie fühlen
sich eher der berühmten Passage aus Friedrich Nietzsches
»Ecce Homo« verpflichtet: Der wohlgeratene Mensch »erräth
Heilmittel gegen Schädigungen, er nützt schlimme Zufälle zu
seinem Vortheil aus; was ihn nicht umbringt, macht ihn stärker.«[2] Dieselbe Widerstandskraft erwarten Sie auch von Ihren

Mitbürgern. Denn nur ein resilientes Ich, das an Krisen wächst und sich gegen die Wechselfälle des Lebens zu wappnen weiß, ist im Privat- wie Berufsleben verlässlich und letztlich auch für eine Demokratie unentbehrlich. Oder wie sonst ließen sich vernünftige Entscheidungen treffen und harte Debatten führen, wie könnte man zielorientiert in die Zukunft blicken, wenn man bei eigenem oder fremdem Leid sofort in Tränen ausbricht und alles persönlich nimmt? Nein, die Welt ist nicht zu hart. Im Gegenteil, so sind Sie überzeugt: Wir sind zu weich! Wurden zu »Sensibelchen« erzogen durch eine Wohlfahrtsgesellschaft, die Bürger wie Kinder behandelt und sich wie eine fürsorgliche Mutter aufführt: Hauptsache, es weint keiner.

Ganz anders hingegen, wenn Sie eher zum B-Typ gehören. Ihr philosophischer Leitstern ist nicht Nietzsche, sondern der französische Philosoph Emmanuel Lévinas. Lévinas ist der Denker der Verletzlichkeit und des unbedingten Anspruchs. Der Mensch ist ihm zufolge ein verwundbares Mängelwesen: angewiesen auf Liebe, angewiesen auf Fürsorge – und ausgestattet mit einem Recht darauf. Wenn ein anderer gegenübertritt, fordert sein »Antlitz« dazu auf, ihn anzunehmen und ihm kein Leid zuzufügen. »(D)as Verhältnis zum Antlitz«, schreibt Lévinas, »ist gleichzeitig das zu einem absolut Schwachen – zu dem, was absolut ausgesetzt, nackt und entblößt ist (...).«[3] Der Mensch ist für Lévinas wesenhaft verletzlich. Genau darin sind wir alle gleich und miteinander verbunden. Wer beleidigt wird, erlebt eine »Niederlage der Identität des Ich«[4]. Diese Fragilität hat eine Existenzberechtigung in sich selbst: Die Sensibilität macht uns überhaupt erst zu Menschen. »Das Subjekt wird zu beschreiben sein als (...) verwundbar, das genau heißt sensibel«⁵, schreibt Lévinas. Anstatt also die Schwäche auszumerzen, müssen wir sie anerkennen und uns wechselseitig schützen. Solidarität brauchen dabei vor allem jene, die immer noch gesellschaftlich diskriminiert und marginalisiert werden: People of Colour, Homosexuelle, Transmenschen, Frauen, Geflüchtete, Opfer von sexualisierter Gewalt.

Arbeit am Selbst versus Schutz des Selbst. Resilienz versus Sensibilität. Nietzsche versus Lévinas. Nehmen wir einmal an, ein Vertreter der Gruppe A (Nietzsche) käme mit einem Vertreter der Gruppe B (Lévinas) ins Gespräch. Die beiden sind eigentlich Freunde, doch der politische Streit entzweit sie. Was könnten die Argumente sein? Und wer behält am Ende recht?

NIETZSCHE CONTRA LÉVINAS: EIN STREITGESPRÄCH

A (Team Nietzsche): Mir fehlt in deiner Weltwahrnehmung die Vertikalspannung. Du ziehst am gesellschaftlichen Ganzen von unten, nicht von oben. Der Mensch ist verletzlich und fundamental angewiesen auf andere? So schreibst du ihn in seiner Schwäche fest. Mich interessiert, wie der Mensch wachsen kann. Und zwar sogar über sich hinaus.

B (Team Lévinas): Du hast gut reden. Du gehörst keiner unterdrückten Gruppe an. Hast nie erfahren, was es heißt, bespuckt und beschimpft und mit dem Tod bedroht zu werden – und zwar nicht für etwas, das du tust, sondern schlicht für das, was du bist: transsexuell, »schwarz«, jüdisch … Erkenne deine privilegierte Position und tritt endlich aus ihr heraus!

A: Punkt für dich, allerdings wäre es doch gerade für diskriminierte, marginalisierte Gruppen hilfreich, an das Mögliche zu appellieren. Anstatt sich »beärzteln«[6] zu lassen, gilt es, dem Instinkt der »Selbstverteidigung«[7] zu folgen.

B: Hier zeigt sich der ganze Zynismus deiner Position. Soll ein Schwarzer, der täglich diskriminiert wird, sich einfach mal eine Kur in Sils Maria gönnen, um seine Abwehrkräfte zu stärken? Hetze gegen Migranten, Homo- oder Transphobie: alles nur eine Frage der Resilienz? So zementierst du gesellschaftliche Unwuchten und handfeste Gewalt. So verlagerst du alle Verantwortung aufs Individuum. Das Konzept der Resilienz ist krudester Neoliberalismus.

A: Aber das Umgekehrte stimmt genauso wenig! Nicht das Ich muss sich ändern, sondern nur die Gesellschaft? Man nennt das: Selbstgefälligkeit. Außerdem verändert sich die Gesellschaft doch, wenn die Individuen sich ändern. Und zwar organisch von unten, gewissermaßen von der Wurzel her. Durch den Menschen selbst.

B: Aber genau das erleben wir ja gerade. Schwarze, Frauen, Transsexuelle ergreifen das Wort. Sprechen Forderungen aus. Konfrontieren uns mit ihrer Perspektive, die bisher übersehen und überhört wurde. Du aber verschließt die Augen, hältst die Ohren zu.

A: Das Problem liegt doch eher in deiner grenzenlosen Empathie. *Refugees welcome? Leave no one behind?* Jede Verantwortung ist endlich. Zumal in einer globalisierten Welt. Du kannst nicht alle Wunden heilen. Man muss Kriterien formulieren, lautere Ansprüche von unlauteren trennen.

B: Du verschließt dich dem Leid, ich öffne mich ihm. Die Verwundbarkeit des anderen ist mein Imperativ des Handelns.

A: Mit Verlaub: Am meisten kriegt, wer am lautesten brüllt? Wie kleine Kinder im Sandkasten, die »weinen und schreien, *damit* sie bemitleidet werden und desshalb den Augenblick abwarten, wo ihr Zustand in die Augen fallen kann«[8]? Hashtag #Aufschrei? Die Ursache für eine feministische Initiative mit globaler Strahlkraft war nicht mehr als ein dummer Satz von einem FDP-Politiker kurz vor der Pensionierung.

B: Der Satz »Sie könnten ein Dirndl auch ausfüllen« gegenüber einer jungen Journalistin war eine glasklare Würdeverletzung. Rainer Brüderle hat Laura Himmelreich zum Objekt gemacht. Der Hashtag war Ausdruck einer dringend notwendigen Solidarisierung.

A: »(D)as aggressive Pathos gehört ebenso nothwendig zur Stärke als das Rach- und Nachgefühl zur Schwäche.«[9] Mit Rachsucht und nichts sonst haben wir es zu tun. Weil die Stärke nicht ertragen wird, zieht man sie zu sich herab. Das Ressentiment ist weit verbreitet. Schon wenn irgendwer auch nur sagt, dass es Männer und Frauen gibt, zeigt es sich in seiner ganzen Gehässigkeit.

B: Aha. Du spielst auf Transgender-Personen an. Was weißt du denn über diese Menschen?

A: Dass sie ganz offensichtlich viel zu empfindlich sind für diese Welt. Und zu jener Spezies gehören, die »an einem einzigen Erlebniss, an einem einzigen Schmerz, oft zumal einem einzigen zarten Unrecht, wie an einem ganz kleinen blutigen Risse unheilbar verbluten«[10].

B: Okay, du weißt also nicht das Geringste. Ein Transmensch ist nicht einfach jemand, der aus der Laune heraus mal sein Geschlecht wechseln will, dritte Toilettentüren fordert, dafür auch noch Steuergelder beansprucht und losheult, sobald ihn jemand nicht korrekt anspricht. Ein Transmann war, aus seiner eigenen Perspektive heraus gesprochen, nie eine Frau. Er steckt vielmehr in einem Körper, der ihn für die Gesellschaft zur Frau machte, der aber, wiederum aus seiner Perspektive, ein unpassender, nicht mit seiner geschlechtlichen Identität übereinstimmender Körper ist. Menschen, die sich auf eine so fundamentale Weise gefangen fühlen, leiden schwer unter ihrer Situation. Nicht selten so sehr, dass sie sich das Leben nehmen. Das ist keine Lappalie.[11] Ganz fundamental geht es um den gesellschaftlichen Umgang mit geschlechtlichen Positionen, die zwischen dem Männlichen und Weiblichen liegen. Menschen neigen dazu, jedes Phänomen sofort einzuordnen in die eine oder andere Kategorie. Was nicht in bestehende Kategorien passt, ist irritierend und wird leicht Gegenstand des Hasses. Damit hängt zusammen, dass Transmenschen, ob sie ihr Geschlecht nun operativ anpassen oder nicht, so lange abgewertet werden, wie wir immer noch ganz selbstverständlich, also im biologischen Sinne, von Frauen und Männern reden.

A: Wenn ich hier einhaken darf: Was genau willst du damit sagen? Es gibt keine Frauen und Männer? Menschen, die kein Problem mit ihrer Biologie haben und womöglich sogar Kraft aus ihr ziehen, existieren nicht? Das ist nicht nur diskriminierend, sondern auch gefährlich. Wenn es keine Realität gibt, kann man alles behaupten. Um es rundheraus zu sagen: Der Genderwahn ist eine »Sklavenmoral«.

B: Tu dir keinen Zwang an. Lass sie nur raus, die blonde Bestie.

A: Klar. Im Zweifelsfall ist man halt ein Nazi. Anstatt dass über Fragen offen gestritten wird, wird die Gegenmeinung als reaktionär ausgewiesen und damit gecancelt.

B: Das ist doch absurd. Niemand hindert dich daran, deine Position zu äußern. Muss man halt mit rechnen, dass man nicht mehr zum Abendessen eingeladen wird, wenn man solche Ansichten vertritt. Systematischer Boykott geht anders. Und dann dieses Gewinsel darüber, dass alte Gewissheiten bröckeln.

A: Entschuldigung, in den USA verlieren Menschen inzwischen ihre Arbeit, wenn sogenannte unterdrückte Gruppen sich verletzt fühlen. Das »beredte Klagen und Wimmern, das Zur-Schau-tragen des Unglücks« hat eine zutiefst aggressive Unterseite. Die Tröstung besteht darin, »wenigstens noch Eine *Macht zu haben*, trotz aller ihrer Schwäche: die *Macht, wehe zu thun*«[12].

B: Genau hier liegt das Missverständnis. In der Schwäche ruht eine Stärke. Aber Stärke eben nicht verstanden als gehässiges

Ressentiment, sondern als schutzlose Offenbarung der eigenen Verletzlichkeit. »Offenheit, Aufrichtigkeit, Wahrheit des Sagens. Nicht Sagen, das sich im Gesagten verbirgt, und schützt, das sich angesichts des Anderen mit bloßen Worten begnügt – sondern Sagen, das sich entblößt, das heißt sich noch seiner Haut entledigt – Empfindlichkeit, die unter die Haut, die an die Nerven geht, Überempfindlichkeit, die sich aussetzt bis zum Leiden«[13]: Hier liegt die Potenz der Sensibilität.

A: Jetzt kommen wir uns ja doch noch näher. »Was mich nicht umbringt, macht mich stärker«: Die Wunde ist es, aus der die Kraft erwächst!

PROBLEMATISCHE VERABSOLUTIERUNGEN

So weit der kleine, fiktive Schlagabtausch. Welche Erkenntnisse lassen sich daraus ableiten? Der Repräsentant des Teams Lévinas weist auf die Gefahr verabsolutierter Resilienz hin. Der Sinn für die Verwundbarkeit des anderen ist es, der den Kern der Humanität und die Triebkraft für gesellschaftliche Transformation darstellt. Wer hingegen die individuelle Widerstandskraft zum obersten und alleinigen Prinzip erklärt, übersieht das Leid der anderen und verfestigt diskriminierende Strukturen. Zudem ist bedeutsam, aus welcher Situation heraus ein Mensch spricht. Ob er selbst zu einer marginalisierten, diskriminierten Gruppe gehört – oder nicht. Von Betroffenen einfach kühle Objektivität und Distanziertheit zu erwarten, heißt, ihre Situation zu missachten. Wer betroffen ist, selbst im Kreuzfeuer steht, akut Gewalt erfährt, blickt nicht von außen auf seine Position, sondern befindet sich immer zugleich auch in ihr und reagiert empfindlich auf Übertretungen. Diese Empfindlichkeit frei von Empathie zu missachten, ja sogar mit Absicht zu provozieren, mag unter die Redefreiheit fallen und verletzt somit keine rechtlichen Grenzen. Und doch ignoriert solch ein Akt fundamental das, was Lévinas mit dem »Antlitz« des anderen verbindet: nämlich ein Tötungsverbot (auch im psychischen Sinne) und, damit einhergehend, ein tiefes Gespür für seine Verletzlichkeit.

Der Vertreter der Nietzsche-Position wiederum erkennt die Schwachstelle des Verletzlichkeitsparadigmas: nämlich die Gefahr verabsolutierter Sensibilität. Lässt Lévinas doch in der Tat offen, wie der Verwundbarkeit eines jeden Einzelnen gerecht zu werden wäre. Auch bleibt fraglich, welcher Art ein Schmerz sein muss, um eine »Antwort«, um Verantwortung zu beanspruchen. Reicht es aus, dass Schmerz bekundet wird? Wohl kaum, kann doch jede Art von Aufschrei immer auch instrumenteller Natur oder übertrieben sein. Wer oder was könnte uns also der Aufgabe entheben, so fragt der Philosoph Burkhard Liebsch mit Blick auf Lévinas, die Lage eines Menschen »konkret *wahrzunehmen* und zu *beurteilen* – zumal wenn wir stets mit Anderen unter Dritten zu tun haben, die uns immerfort im Widerstreit ihrer Ansprüche in Konflikte stürzen, für die aufgrund jener außer-ordentlichen Sensibilität allein überhaupt keine Lösungen in Sicht sind? Eines ist es, sich angesichts des Anderen, der jeder andere sein kann, als radikal ›aufgeschlossen‹, ja verwundbar zu erweisen; ein anderes ist es aber, dem konkret Rechnung zu tragen.«[14] Auch geht mit der Verabsolutierung sensibler Humanität, folgt man Nietzsche, eine folgenreiche Umwertung der Werte einher. Kultiviert wird die Schwäche, nicht die Stärke. Das Verletzliche, nicht das Widerständige. Die Verwundbarkeit, nicht die Rüstung. Die Passivität tritt an die Stelle der Aktivität.

Soweit zu den Differenzen. Kommen wir jetzt zum Berührungspunkt zwischen den beiden Positionen: zur Wunde.

SENSIBLE RESILIENZ

Aus der Wunde erwächst die Kraft: Wer, wenn nicht Nietzsche selbst, wäre die Personifikation dieses Satzes gewesen? Nietzsche, der geistige Vater des Übermenschen, war zugleich das, was man heute wohl als hochsensibel bezeichnen würde: Seine extreme Empfindlichkeit für Klima und Licht, seine Migräne, seine psychische Labilität waren untrennbar mit seiner Schaffenskraft verbunden.[15]

Aus Nietzsches Wunde erwuchs ein Werk, das sich empfindsamer Beobachtungsgabe verdankt und auch die Verletzlichkeit des Autors zum Ausdruck bringt: »Man weiß von nichts loszukommen, man weiß mit nichts fertig zu werden, man weiß nichts zurückzustoßen – alles verletzt«, heißt es in Nietzsches autobiographischer Schrift »Ecce Homo«. »Mensch und Ding kommen zudringlich nahe, die Erlebnisse treffen zu tief, die Erinnerung ist eine eiternde Wunde«.[16] Als »Heilmittel« in dieser ausweglosen Situation, empfahl der Denker »*russischen Fatalismus*, jenen Fatalismus ohne Revolte, mit dem sich ein russischer Soldat, dem der Feldzug zu hart wird, zuletzt in den Schnee legt«[17]. Sich in das Gegebene fügen, ist die einzige Möglichkeit, sich zu erhalten, so lautet der Rat für diesen äußersten Notfall: »Weil man zu schnell sich verbrauchen würde, wenn man überhaupt reagirte, reagirt man gar nicht mehr: dies ist die Logik.«[18]

Die Fähigkeit, Krisen zu überstehen, trägt die Vulnerabilität in sich. Resilienz geht bei Nietzsche hervor aus einer real erfahrenen Verwundung und sensibilisiert das Bewusstsein für die grundsätzliche Krisenanfälligkeit der menschlichen Existenz: Erschütterungen sind unausweichlich. Sie lassen sich nicht verhindern, sondern nur überstehen.

Damit steht die Resilienz in einem interessanten Gegensatz zu einer anderen Form der Abwehrkraft: der Immunität. Wer immun ist, ist unangreifbar. Krankheit und Krise fechten den Immunisierten gar nicht an. Übertragen auf gesellschaftliche Systeme, steht die Immunität für starke Außenmauern und eine rigide Sicherheitspolitik: Was dem Organismus zu schaden droht, wird unschädlich gemacht. Resilienz, so könnte man zugespitzt sagen, ist das demokratische Prinzip der Krisenbewältigung, während Immunität eher an das autokratische Prinzip der Krisenvermeidung gemahnt.

Nietzsche war eindeutig kein Immunitätsdenker. Vielmehr rief er dazu auf, auch schreckliche Ereignisse weder zu bedauern noch zu fürchten noch zu bannen, sondern sie willkommen zu heißen und in das eigene Selbst willentlich als Schicksal zu übernehmen, das »›es war‹ umzuschaffen in ein ›so wollte ich es!‹«[19], wie es in »Also sprach Zarathustra« heißt. Es ist gerade diese pathische Dimension, dieses Auf- und Annehmen des Schrecknisses, das den Kern der nietzscheanischen Resilienz ausmacht.

Anders gesagt: Statische Systeme sind instabil, weil sie nicht gebaut sind für außergewöhnliche Vorkommnisse. Ihnen fehlt die Dynamik, die Bewegungs- und Reaktionsmöglichkeit. Das Gegenteil von statischen Systemen sind antifragile Systeme. Sie sind offen für das, was widerfährt. Der Begriff der Antifragilität stammt von dem Ökonomen Nassim Taleb, und es ist unübersehbar, wie tief Nietzsches Einsichten hier wirken. Antifragile Systeme, so Taleb, »profitieren von Erschütterungen; wenn sie instabilen, vom Zufall geprägten, ungeordneten Bedingungen ausgesetzt sind, wachsen und gedeihen sie (…)«[20]. Das krisenhafte Moment wird integriert und das System als Ganzes transformiert: Aus der Wunde erwächst die Kraft.

Gleichzeitig wohnt der Resilienz Nietzsche zufolge selbst ein Moment der Unverfügbarkeit inne. Ob man sie besitzt oder nicht, liege, so der Denker, durchaus nicht in der eigenen Macht. Voraussetzung ist vielmehr die Existenz einer »plastische(n) Kraft«, die dazu befähigt, »aus sich selbst heraus zu wachsen, Vergangenes und Fremdes umzubilden und einzuverleiben, Wunden auszuheilen, Verlorenes zu ersetzen, zerbrochene Formen aus sich nachzuformen«[21]. Was Nietzsche als Glückssache oder auch Privileg ansah, bekommt später bei Sigmund Freud einen anthropologischen Zug: Den Triebgrund der Abwehrkraft, so wird Kapitel IV zeigen, findet Freud in der menschlichen Natur.

RESILIENTE SENSIBILITÄT?

Und was ist mit Lévinas? Inwiefern ist, um nun die umgekehrte Bewegung zu vollziehen, in seinem Denken ein Moment der Resilienz enthalten? Hier wird es schwieriger. Emmanuel Lévinas war im Gefangenenlager interniert und hat durch die Verbrechen der Nationalsozialisten seine ganze Familie verloren. Seine Mutter Dvora, sein Vater Jehiel, seine Brüder Boris und Aminadab wurden im litauischen Kaunas erschossen.[22]

Lévinas empfahl weder russischen Fatalismus, noch war es ihm möglich, das Schrecknis als willkommenen Zufall zu begrüßen. »Heilmittel« im nietzscheanischen Sinn spielten in seinem Werk schlicht keine Rolle, im Gegenteil: Dass aus der Wunde die Kraft erwächst, heißt aus seiner Perspektive, berührbar und verletzlich zu bleiben, damit sich die Geschichte nicht wiederholt. Zugespitzter: Die Wunde darf sich gar nicht schließen. Potenzial hat sie nur, wenn sie offen bleibt (vgl. hierzu auch die Ausführungen zu Jean Améry in Kapitel VII). Heilende Haut würde die Berührbarkeit gefährden, würde eine Distanz einziehen zum eigenen wie fremden Leid. Lévinas ging es um die Stärke des Affekts, nicht um abwägende Reflexion: Das Antlitz des anderen *bewegt*. Und zwar im doppelten Sinn. Indem es emotional ergreift, ruft es Verantwortung, von Empathie getragenes Handeln hervor.

Ein Blick in die Geschichte scheint Lévinas recht zu geben. War es zu Beginn der Moderne nicht gerade der Affekt des Mitgefühls, der für entscheidende Transformationen sorgte? Wer verstehen will, warum die Sensibilität zum Signum des menschheitsgeschichtlichen Fortschritts wurde, muss sich mit der Literatur und Philosophie des 18. Jahrhunderts beschäftigen. Zeit für einen Ausflug in die Epoche der Empfindsamkeit.

III: DAS JAHRHUNDERT DER EMPATHIE

METOO AVANT LA LETTRE

»Er kam zu mir, ohne meine Verwirrung zu bemerken. ›Es steht alles gut, meine Liebe!‹ sagte er. (…) Es stand wahrhaftig gut mit dem niederträchtigen Vorhaben dieses unmenschlichsten aller Männer. (…) Mir wurde übler und übler. Bald war ich stumpf, bald rasend und wie von Sinnen. (…) Ich erinnere mich, ich flehte um Mitleid. Ich erinnere mich, ich versprach, ich würde seine Frau werden – wenn er nur Erbarmen mit mir hätte. Aber ich fand keine Gnade. Meine Kraft, meine Vernunft schwanden, und dann folgten Dinge, ach Liebe, so gräßliche Dinge –«[1]

So schreibt Clarissa in einem Brief an eine gewisse Mrs. Howe. Mit einem Trick hatte ein gewisser Lovelace sie von ihrer Familie fortgelockt, sie anschließend in ein Bordell entführt, mit einem Tee betäubt – und sich in jener folgenschweren Nacht, die Clarissa in ihrem Brief schildert und mit einem vielsagenden Gedankenstrich enden lässt, vergewaltigt. Die Tat wird die junge Frau nicht verwinden. Jede Lebenskraft schwindet aus ihrem Körper, dessen Würde sie so unnachgiebig hatte versucht zu verteidigen.

Die Szene stammt aus dem Briefroman »Clarissa« des britischen Schriftstellers Samuel Richardson. Erschienen ist das Werk 1747/48. Es wurde zu einem sensationellen Erfolg. Fünf Ausgaben sollten in den nächsten dreizehn Jahren erscheinen,

1751 wurde das Buch ins Französische übersetzt, 1752 ins Deutsche, 1755 ins Niederländische.[2] Nicht nur Frauen, auch Männer wurden durch das Schicksal Clarissas tief berührt. Leserinnen wie Leser fühlten mit der Heldin, deren Leiden in ihren Briefen so schonungslos und authentisch aus der Ich-Perspektive erzählt wird. Wie bereits in seinem ersten Briefroman »Pamela« und damals als literarische Praxis üblich, tritt der Autor Samuel Richardson nur als »Herausgeber« der Briefe auf, was den Anschein der Echtheit und Unmittelbarkeit der dargebrachten Gefühlswelten nur umso mehr unterstreicht.

Die grandiose psychologische Leistung, die sich mit dem Schreiben und der Lektüre solcher Leidensgeschichten damals verband, hat die Historikerin Lynn Hunt in ihrem Buch »Inventing Human Rights« klar benannt: War das Mitfühlen bis dato auf den Kreis der Nächsten beschränkt, wurden die Menschen durch Briefromane in die Lage versetzt, gänzlich fremde Schicksale nachzuvollziehen. Mit anderen Worten: Das Mitfühlen wurde als ästhetische Praxis buchstäblich eingeübt und hatte, so die Historikerin, entscheidenden Anteil am Fortschritt der Menschheit. Auch wenn Bücher sicherlich nicht ausreichen, um die Welt zu verändern, so ist es für Hunt dennoch kein Zufall, dass unmittelbar auf die Hochzeit der Briefromane die Verrechtlichung menschlicher Gleichheit sowohl in den USA (1776) wie auch in Frankreich (1789) erfolgte. »Gleichheit«, schreibt Hunt, »war nicht nur ein abstraktes Konzept oder ein politischer Slogan. Es musste zur Mode werden.«[3] Durch den Trend der empfindsamen Literatur maßgeblich unterstützt, entwickelte sich eine Art des Fühlens, die die Menschen untereinander verband und die Zivilisation – auch wenn die Frauenrechte zu jenem Zeitpunkt noch weit entfernt waren – einen entscheidenden Schritt vorantrieb.

Gewiss: »Clarissa« ist eine fiktive Figur, zudem entstammt sie der Feder eines Mannes (zu den Grenzen der Einfühlung vgl. Kapitel VII). Und doch: Wer würde mit Blick auf die Heldin und die Emotionen, die ihr Leiden auslöste, nicht an eine emanzipatorische Bewegung denken, die in jüngster Vergangenheit den gesamten Erdball umspannte? Wer bei Lovelace nicht an die Harvey Weinsteins unserer Zeit? »Clarissa«– eine Art MeToo avant la lettre? Im Jahr 2017 berichteten Frauen im sozialen Netzwerk Twitter von Erfahrungen sexualisierter Gewalt. Frauen wie Männer auf der ganzen Welt fühlten mit den Opfern, solidarisierten sich im Netz und empörten sich über die Täter. Die empathische Kraft von Millionen von Menschen rund um den Globus führte zur Entmachtung und Verhaftung von Tätern, zur öffentlichen Anklage von Verdächtigen sowie zu einer Verschärfung des Sexualstrafrechts in Deutschland: Geschützt ist die Frau jetzt auch dann, wenn sie zur Äußerung ihres Willens – etwa durch Drogen – gar nicht in der Lage ist. Richardsons Clarissa wäre, würde sie heute leben, womöglich zur Galionsfigur von MeToo geworden.

Doch was genau ist das für ein Gefühl: die Empathie? Wie kommt es, dass Menschen überhaupt mit fremden Schicksalen mitfühlen können, sich in die Innenwelten anderer hineinversetzen? Warum hat diese Art der Sensibilität, das Berührt- und Gerührtwerden durch fremdes Leid, das Potenzial zu exponentieller Verbreitung, um nicht zu sagen: rasanter Ansteckung?

Die Philosophie des 18. Jahrhunderts war tief geprägt von diesen Fragen: Das Ein- und Mitfühlen wurde, parallel zur empfindsamen Literatur, systematisch ergründet, der Zusammenhang von Gefühl und Moral bildete den Gravitationspunkt unzähliger Schriften, die eine Art Vorhofflimmern der Französischen Revolution darstellten. Moral und Sittlichkeit waren nicht länger gottverbürgt, sondern ihr Ursprung wohnte in den Gefühlen der Menschen selbst: So lautete die bahnbrechende, ja umwälzende Erkenntnis zu einer Zeit, in der die Monarchie ihr drohendes Ende ahnte: Ein Volk, das die Kraft der Empathie entdeckt, sich über Standesgrenzen hinweg emotional verbündet, mithin Gleichheit und Brüderlichkeit tief in sich spürt, wird keine trennende, unterdrückende Macht mehr akzeptieren, die durch nichts anderes legitimiert ist als durch Vererbung und transzendente Hirngespinste.

Allein, so wird sich im Folgenden zeigen: Die Menschheit wird nicht notwendigerweise humaner, wenn sie empathischer wird. Empathie ist nicht gleichbedeutend mit Fortschritt. Ebenjene Kraft, die entscheidend für zivilisatorischen Progress sorgte, birgt, schaut man genauer hin auch rückschrittiges, zerstörerisches Potenzial. Drei Zusammenhänge sind hier wesentlich. Erstens: das Verhältnis von Mitgefühl und Moral. Zweitens: das Verhältnis von Mitgefühl und Weiblichkeit. Drittens: das Verhältnis von Mitgefühl und Sadismus. Widmen wir uns, um diese Verhältnisse zu entfalten, dem Leben und Werk dreier Philosophen, die zu den wirkmächtigsten des 18. Jahrhunderts zählen: David Hume, Jean-Jacques Rousseau und Donatien Alphonse François de Sade.

DAVID HUME UND DIE GEFÜHLSANSTECKUNG

»Monsieur Hume ist einem reinen, klaren Bach vergleichbar, der gleichmäßig und ruhig dahinfließt.«[4] Mit diesen Zeilen beschreibt der Theologe Friedrich Grimm jenen schottischen Denker, der aufgrund seines ausgeglichenen, wohlwollenden Gemüts von vielen Zeitgenossen gelobt, von anderen eher belächelt wurde. David Hume wird 1711 in Edinburgh geboren und stammt aus einer streng calvinistischen Familie. Früh jedoch taucht er in eine ganz andere Welt ein, als er mit zwölf Jahren am College den Empirismus von John Locke und die Naturwissenschaft Isaac Newtons für sich entdeckt. 1725 erfolgt dann der endgültige geistige Bruch mit seiner tiefreligiösen Herkunft, Hume studiert entgegen dem Wunsch seiner Eltern Philosophie, was ihn zunächst in eine schwere Krise stürzt: So geht seine Abkehr von der Familie mit einer Abkehr von der Religion einher, was für eine damalige Psyche tiefe Konflikte erzeugt haben muss. Genau die aber sind das Feuer, das Humes philosophisches Interesse nachhaltig entfacht, und so beginnt er ab 1734 mit der Abfassung seines dreiteiligen Werks »Ein Traktat über die menschliche Natur«. Grundlegend für diese Schrift ist Humes strenger Empirismus, dem zufolge nichts – und also auch nicht die Moral – ohne sinnliche Basis, ohne Erfahrung existiert. Mit anderen Worten: Die Moral muss in unserer Natur, in unseren Gefühlen verankert sein, und in seinem Traktat stellt sich Hume die Aufgabe, diese Verwurzelung zu verstehen: Wie kommt es, dass wir mit anderen Menschen mitfühlen?

Das geschieht zunächst einmal ganz einfach deshalb, so Hume, weil wir uns bei allen Unterschieden doch grundsätzlich ähnlich sind: »Nun ist deutlich, daß die Natur eine große

Ähnlichkeit zwischen allen menschlichen Geschöpfen gestiftet hat, so daß wir niemals einen Affekt oder einen Faktor (des seelischen Lebens) bei anderen beobachten, ohne dazu mehr oder weniger ein Gegenstück in uns selbst zu finden. Es gilt für den Organismus des Geistes dasselbe, wie für den des Körpers. Wenn auch die Teile desselben nach Form und Größe verschieden sind, so ist doch ihre Struktur und Zusammensetzung im Allgemeinen dieselbe. Es besteht eine sehr in die Augen fallende Ähnlichkeit, die bei aller Verschiedenheit erhalten bleibt. Und diese Ähnlichkeit muß sehr viel dazu beitragen, daß wir die Gefühle anderer verstehen und uns dieselben leicht und gerne zu eigen machen. Finden wir nun außer der allgemeinen Ähnlichkeit unsrer Naturen noch irgendeine besondere Übereinstimmung, (etwa) hinsichtlich des Benehmens, des Charakters, des Vaterlandes oder der Sprache, so erleichtert dies das Mitgefühl.«[5]

Kurz und knapp zusammengefasst heißt das: Wir fühlen, was andere fühlen, weil wir alle Menschen sind. Und je mehr wir miteinander teilen, eine Sprache oder die Herkunft etwa, desto stärker die Empathie.

Unmittelbar wird aus dieser Passage ersichtlich, wie unauflöslich das Mitfühlen und der revolutionäre Wert der Gleichheit miteinander verschaltet sind. Zwar mögen die Menschen sich in Geschlecht, Aussehen, Alter etc. unterscheiden, doch, so Hume, eine wesentliche Gemeinsamkeit bleibt: das Menschsein. Die Gleichheit ist damit aber eben nicht eine abstrakte Größe und vor aller Erfahrung einfach gegeben, sondern wird im Akt des Mitfühlens erfahren.

Wie nun müssen wir uns den Vorgang der Gefühlsübertragung konkret vorstellen? Warum fühle ich, was ein anderer Mensch fühlt? Hume beschreibt diesen Prozess so: »Wird irgendeine Gemütsbewegung uns auf dem Wege des Mitgefühls eingeflößt, so ist das Erste, daß wir sie an ihren Wirkungen, d. h. an jenen äußeren Anzeichen, in Aussehen und Rede, die eine Vorstellung derselben nach sich ziehen, erkennen. Diese Vorstellung verwandelt sich aber weiterhin in einen Eindruck und gewinnt einen solchen Grad von Stärke und Lebhaftigkeit, daß sie zum entsprechenden wirklichen Affekt wird, und die gleiche Gefühlserregung hervorruft, wie irgendeine originale Gemütsbewegung.«[6]

Das klingt kompliziert, meint aber im Kern dies: Nehmen wir an, ich sehe einen weinenden Menschen, dann zieht meine Wahrnehmung seiner Tränen in meinem Kopf die Vorstellung der Traurigkeit nach sich, die diesen Menschen ganz offensichtlich erfasst hat. In einem Zug werde ich mir meiner fundamentalen Ähnlichkeit mit der trauernden Person, unseres gemeinsamen Menschseins gewahr, und sogleich verwandelt sich meine Vorstellung in einen »Eindruck«, das heißt eine lebhafte Empfindung. Obwohl das Gefühl der Traurigkeit nicht meines ist, fühle ich es so intensiv wie der traurige Mensch selbst. Die Kopie unterscheidet sich vom Original nicht im Geringsten.

Das Mitfühlen hat somit nach Hume etwas geradezu Reflexhaftes und Virales an sich. Aufgrund des geteilten Menschseins springen Gefühle, ob positive oder negative, regelrecht vom einen zum anderen über, wobei, wie Hume betont, zusätzliche Ähnlichkeiten wie Herkunft oder Geschlecht die Ansteckung noch steigern. Je homogener die Gruppen, desto stärker die Übertragung: eine Beobachtung, die mit Blick auf heutige digitale Dynamiken und algorithmenbasierte Blasenähnlichkeiten immer noch – oder vielleicht sogar mehr denn je – von Bedeutung ist. Führt man sich vor Augen, wie schnell sich negative Gefühlsäußerungen bei Twitter oder Facebook zu einem handfesten Shitstorm ausweiten können (oder positive zu entsprechenden Wogen der Empathie), wirken Passagen wie die folgende erstaunlich aktuell: »Keine Eigenschaft der menschlichen Natur ist, sowohl an sich, als auch in ihren Folgen bedeutsamer als die uns eigentümliche Neigung, mit anderen zu sympathisieren, und auf dem Wege der Mitteilung deren Neigungen und Gefühle, auch wenn sie von den unseren noch so verschieden, ja denselben entgegengesetzt sind, in uns aufzunehmen«, schreibt Hume. »Dies fällt nicht nur an Kindern auf, die jede Meinung, die ihnen begegnet, unbedenklich annehmen. Auch sehr urteilsfähigen und klugen Menschen wird es schwer, ihrer eigenen Vernunft oder Neigung zu folgen, wenn dieselbe sich im Widerspruch mit derjenigen ihrer Freunde und täglichen Gefährten befindet. (...) Ein gutmütiger Mensch teilt sofort die Stimmung seiner Umgebung; und selbst die Stolzesten und Grämlichsten werden in diesem Punkte einigermaßen durch ihre Landsleute und Bekannten beeinflußt. Ein fröhliches Gesicht versetzt mein Gemüt in fühlbare Freude und Heiterkeit; ein ärgerliches oder betrübtes wirft einen plötzlichen Schatten darauf.«[7]

Es ist nicht weit hergeholt, bei dieser Beschreibung (die auch an die Entdeckung der Spiegelneuronen im späten 20. Jahrhundert denken lässt) als Zeitgenossin des 21. Jahrhunderts an gewisse Netzdynamiken und – siehe den letzten Satz des Zitats – an Emojis (ein Kunstwort, dessen Kern die Emotion ist) unter Facebook-Postings oder auf anderen digitalen Plattformen zu denken. Mit Hume lassen sich die sozialen Netzwerke geradezu als Mitfühlmaschinen beschreiben.

Fast zweihundert Jahre nach dem Erscheinen des »Traktats« wird der Philosoph Max Scheler diesen Gedanken aufgreifen und, anders als Hume, die »*Gefühlsansteckung*«[8] vom Mitfühlen und Mitleiden scharf trennen. Die Ansteckung, so Scheler, habe mit Sensibilität für andere Gemütszustände im Grunde nichts zu tun, sondern sei schlicht reaktiv. »Weder besteht hier eine Gefühls-*Intention* auf die Freude oder das Leid des anderen, noch irgendein Teilnehmen an seinem Erleben. Vielmehr ist es charakteristisch für die Ansteckung, daß sie lediglich zwischen Gefühls*zuständen* stattfindet, und daß sie ein Wissen um die fremde Freude überhaupt nicht voraussetzt.«[9] Wer in eine Kneipe oder einen virtuellen Chat-Raum eintritt, fühlt nicht mit den anderen mit, sondern wird von einer Stimmung infiziert, sodass die »betreffenden Gefühle lawinenartig wachsen: das durch Ansteckung entstandene Gefühl steckt durch die Vermittlung von Ausdruck und Nachahmung *wieder* an, so daß auch das ansteckende Gefühl wächst; dieses steckt wieder an u. s. f. Bei allen *Massen*erregungen, auch schon der Bildung der sog. ›öffentlichen Meinung‹, ist es besonders diese Gegenseitigkeit der sich kumulierenden Ansteckung, die zum Anschwellen der emotionalen Gesamtbewegung führt und zu dem eigentümlichen Tatbestand, daß die handelnde ›Masse‹ über die Intention aller Einzelnen so leicht hinausgerissen wird und Dinge tut, die keiner ›will‹ und ›verantwortet‹. Es ist hier faktisch der Prozeß der Ansteckung selbst, der aus sich heraus Ziele entspringen läßt, die jenseits der Absichten aller Einzelnen liegen.«[10]

Was aber soll damit insinuiert werden, könnte man an dieser Stelle kritisch einhaken: dass die globale Kraft von Bewegungen wie MeToo oder Black Lives Matter auf emotionaler Viralität und etwa nicht auf berechtigten Ansprüchen beruht? Nein, sondern vielmehr nur dies: dass Ansteckung aus Schelers Sicht noch kein Mitfühlen und Mitfühlen wiederum, das hat auch Hume erkannt, noch keine ethische Haltung ist.

Werfen wir also einen Blick auf jenen Teil des »Traktats«, in dem Hume sich mit der Moral beschäftigt und darlegt, wie sie mit der Empathie zusammenhängt. Seine These lautet: Der Verstand kann uns nicht sagen, ob eine Handlung gut oder schlecht ist – einzig das Gefühl, das uns erfasst, wenn wir bestimmte Handlungen betrachten, gibt uns einen Fingerzeig. In den Worten Humes: »(W)ir müssen den Eindruck, den die Tugend hervorbringt, angenehm und den, der vom Laster ausgeht, unangenehm nennen. Die Erfahrung jedes Augenblicks muß uns hiervon überzeugen. Es gibt kein lieblicheres und schöneres Schauspiel als eine großmütige Tat, und keines, das uns mehr Abscheu einflößt als eine grausame und verräterische.«[11]

Tugendhafte Handlungen erzeugen positive Gefühle, lasterhafte negative: Und, so könnte man fragen, gibt die oben beschriebene Wirkung der empfindsamen Literatur Hume etwa nicht recht? Wer dächte bei diesen Zeilen des schottischen Denkers nicht an all die Herzen, die Clarissa und ihren geistigen Schwestern zufliegen? An die Tränen, die ob ihres Schicksals vergossen werden? An den Groll, den die Tat des Vergewaltigers Lovelace auslöst? »Selbst ein Schauspiel oder ein Roman kann uns den Beweis liefern für die Freude, die uns die Tugend bereitet, und den Schmerz, der dem Laster entspringt«[12], heißt es dann auch bei Hume.

Tugend und Laster sind keine abstrakten, metaphysischen Konzepte, die vor aller Erfahrung existieren und die sich im Gefühl, das sie erzeugen, lediglich zeigen. Würde Hume so denken, wäre er kein Empiriker. Was er vielmehr sagen will, ist dies: Tugend und Laster *existieren* überhaupt nur als Erfahrung. Anders gesagt: Es handelt sich um keine transzendenten, sondern um radikal immanente Konzepte, die ihr Dasein zuallererst menschlichen Handlungen und Gefühlen verdanken. Hume formuliert das so: »Unser Bewußtsein der ›Tugend‹ besteht nur darin, daß wir bei der Betrachtung eines Charakters eine besondere Art von Befriedigung fühlen. In eben diesem Gefühl besteht unser Lob und unsere Bewunderung. Wir fragen nicht erst weiter nach der Ursache dieser Befriedigung; wir schließen nicht daraus, daß ein Charakter uns erfreut, daß er tugendhaft sei, sondern, indem wir fühlen, daß er uns in einer bestimmten Weise erfreut, fühlen wir eben damit, daß er tugendhaft ist. Es liegt hier derselbe Fall vor wie bei unseren Urteilen über alle Arten der Schönheit, über die (Annehmlichkeit der) Geschmäcke und (sonstigen) Empfindungen. Unsere (innere) Zustimmung ist (jedesmal) in der unmittelbaren Lust, die sie uns gewähren, eingeschlossen.«[13] Vereinfacht formuliert: Wenn ich mich an einer Tat erfreue, stimme ich ihr zu, es handelt sich demnach um eine Tugend. Wenn ich mich über sie erzürne, lehne ich sie ab, es handelt sich also um ein Laster. Im Gefühl ist das Urteil enthalten.

In dieser Auffassung von Moral verbirgt sich allerdings, man ahnt es vielleicht schon, eine wackelige Prämisse: nämlich, dass Schilderungen unschuldiger Heldinnen, denen Leid angetan wird, beim Leser *nur* negative Gefühle auslösen können und keinesfalls positive oder gar lustvolle. Aber stimmt das? Immerhin existiert bis heute ein Genre, das gerade aus der Unterdrückung und Peinigung von Frauen einen Lustgewinn zieht. Und es existierte bereits zu Humes Lebzeiten. Das Setting ›Eine unschuldige Frau wird von einem rücksichtslosen

Lüstling missbraucht‹ war im 18. Jahrhundert nicht nur der Stoff empfindsamer Romane, sondern auch das innerste Funktionsprinzip der Pornographie; und es ist eine nach wie vor offene Frage, ob man das eine vom anderen stets so genau unterscheiden kann. Man denke an John Clelands Roman »Fanny Hill«, der Mitte des 18. Jahrhunderts für einen Eklat sorgte, oder an die grässlichen Leiden der tugendhaften Justine im Werk des Marquis de Sade; wir werden darauf zu sprechen kommen.

Doch zunächst zu einem Denker, den Hume nicht nur persönlich kennenlernte, sondern dessen Theorie der Empathie so gebaut ist, dass sie Humes problematische Prämisse geschickt umgeht: Sollte ein Mensch – und das soll ja in der Tat vorkommen – Lust an Laster oder Gewalt verspüren, so ist das für Jean-Jacques Rousseau nur ein weiterer Beweis dafür, dass der zivilisierte Mensch seinen inneren, natürlichen Gefühlskompass unrettbar verloren hat. Und wenn Rousseau von zivilisatorisch degenerierten Menschen schreibt, dann meint er zumeist: Männer. Männer wie David Hume zum Beispiel, dem Rousseau tiefstes Misstrauen entgegenbrachte, was schlussendlich zum endgültigen Bruch der Beziehung führte. Bei den Frauen, so werden wir sehen, ist die Sache etwas anders gelagert: Rousseau zufolge sind sie als unschuldige, zurückhaltende, empfindsame Wesen der (guten) Natur und auch ihren Gefühlen näher. Durch die Beschäftigung mit Rousseau lässt sich somit eine weitere, hochambivalente Dimension der Empathie freilegen: ihre Koppelung an Weiblichkeit. Zugespitzter formuliert: Unsere Gegenwart beruht, wenn sie Männlichkeit als toxische Gefahr verdinglicht, während sie gleichzeitig Weiblichkeit mit Empathie verklammert, unbewusst auf einer zentralen Grundannahme des rousseauschen Denkens.

ROUSSEAUS FEMINISIERUNG DER MORAL

Geboren wird Rousseau 1712 in Genf als jüngerer von zwei Söhnen. Sein Vater Isaac ist Uhrmacher, seine Mutter, eine Calvinistin namens Suzanne, stirbt neun Tage nach der Geburt von Jean-Jacques an Kindbettfieber. Ein Verlust, der den sensiblen Rousseau tief prägt: Die wichtigen Frauen in seinem Leben werden ihm immer auch Mutter und Beschützerin vor einer feindlichen, männlich kodierten, von Konkurrenz und Missgunst gezeichneten Welt sein. Seine Lebensgefährtin und spätere Frau Thérèse Levasseur, eine einfache Wäscherin, bringt fünf Kinder zur Welt, die Rousseau allesamt in ein Findelhaus gibt, ohne sich auch nur die Aufnahmenummer zu notieren: eine Kaltherzigkeit, die, so sehen es jedenfalls viele seiner Weggefährten, im krassen Gegensatz zu Rousseaus Philosophie der Empathie steht. Oder zeigt sich in der Entschiedenheit, mit der er seine Kinder gegen den ausdrücklichen Wunsch der Mutter fortgibt, gar auf zugespitzte Weise Rousseaus Unwillen, die Frau seiner Wahl mit Konkurrenten zu teilen?

Zu Rousseaus zahlreichen Mutterfiguren jedenfalls zählt auch eine seiner Gönnerinnen: die Schriftstellerin Madame Louise d'Épinay, die ihm 1756 ermöglicht, eine Einsiedelei in der kleinen Gemeinde Montmorency zu beziehen, einige Kilometer nördlich vom Moloch Paris gelegen. Die Abgeschiedenheit ist wie geschaffen für Rousseau, der die zivilisatorischen Reize und Entfremdungseffekte der Großstadt in seinem kurz zuvor erschienenen Werk »Über den Ursprung und die Grundlagen der Ungleichheit unter den Menschen« (1755) bereits eingehend kritisiert hat. In ihm entwirft Rousseau einen Naturzustand des Menschen, in dem unsere Gattung noch ganz bei sich, sprich ihren Gefühlen war. Im Zentrum steht dabei das Mitleid, das, so Rousseau, »jeder Reflexion vorangeht«[14]. Das Mitleid, führt der Denker aus, verbindet uns mit den Tieren, sind sie doch wie wir empfindsame Wesen (»Ein Tier geht nicht ohne Unruhe an einem toten Tier seiner Art vorbei«[15]). Ja, so rein und grundsätzlich sei dieses Gefühl, dass »die verderbtesten Sitten« es kaum zerstören können, »da man doch alle Tage in unseren Schauspielen sieht, wie jemand von den Leiden eines Unglücklichen zu Tränen gerührt wird«[16].

So weit ist Rousseau, wie es scheint, ganz auf einer Linie mit David Hume. Auch für den Schweizer Naturliebhaber ist die Moral kein Effekt des Verstandes, kein Resultat angestrengten Nachdenkens und schon gar nicht metaphysisch begründet. Vielmehr ist die Fähigkeit, mit anderen Kreaturen mitzuleiden, die entscheidende Triebfeder des Guten, die Menschen wie Tieren qua Natur zu eigen ist. Rousseau schreibt: »Das Mitleid gibt allen Menschen anstelle jener erhabenen Maxime der durch die Vernunft gestifteten Gerechtigkeit: ›Handle anderen gegenüber so, wie du willst, daß man dir gegenüber handele‹, diese Maxime der natürlichen Güte ein, die viel weniger vollkommen, aber vielleicht nützlicher als die vorangehende ist: ›Sorge für dein Wohl mit so wenig Schaden für andere wie möglich.‹«[17]

Nicht Kants verkopfter kategorischer Imperativ, sondern das natürliche Gefühl des Mitleids ist der Kern des Gewissens und macht aus einem Menschen ein moralisches Wesen.

»Sorge für dein Wohl mit so wenig Schaden für andere wie möglich«: Der Begriff, den er in seiner Schrift für diese Art der Selbstsorge einführt, heißt *amour de soi*. Zu Deutsch: »Selbstliebe«. Sich selbst zu lieben, hat hier keinen narzisstischen Einschlag, im Gegenteil: Die Selbstliebe ist für Rousseau die Grundbedingung dafür, dass ein Mensch seine Emotionen überhaupt positiv auf andere richten kann. »Es ist ganz natürlich, daß derjenige, der sich liebt, sein Wesen und seine Freuden auszudehnen sucht und durch Anhänglichkeit sich das zu eigen machen will, wovon er fühlt, daß es ein Gut für ihn wird«[18]; so heißt es unmissverständlich im viel späteren Werk des Philosophen mit dem Titel »Rousseau richtet über Jean-Jacques«, in dem er diese moralische, aktive »Reizbarkeit« (*sensibilité*) klar abhebt von der rein passiven des Körpers: »Es gibt eine physische und organische Reizbarkeit, die, rein passiv, nichts zum Zweck zu haben scheint als die Erhaltung unseres Körpers und die Erhaltung unserer Art durch die Lenkungen, die Vergnügen und Schmerz uns geben. Es gibt eine andere Reizbarkeit, die ich tätig und sittlich nenne und die nichts anderes ist als das Vermögen, unsere Gefühle an Wesen zu heften, die uns fremd sind.«[19]

Allein, und hier kommen wir zu Rousseaus scharfer Zivilisationskritik: Die Selbstliebe als Grundbedingung empathischer Zuwendung kann regelrecht entarten, oder auch verkümmern, was sich symptomatisch daran zeigt, dass das »Gefühl für andere unterdrückt oder eingeschnürt«[20] wird. Wie es dazu kommt? Nun, durch instrumentelle Überlegungen, die aus der schädlichen (männlichen) Konkurrenz mit anderen resultieren und aus der Selbstliebe eine egoistische »Eigenliebe« (*amour propre*) machen. Die Eigenliebe ist die Hölle des Vergleichs: eine Begleiterscheinung der von Rousseau verhassten Zivilisation, in der wir uns gezwungen sehen, mit anderen zu konkurrieren, nach Wertschätzung und Anerkennung zu streben. Sobald die Selbstliebe, so Rousseau wörtlich, »in Eigenliebe ausartet und vergleichend wird, bringt sie die negative Reizbarkeit hervor, denn sobald man die Gewohnheit annimmt, sich mit anderen zu messen (...), ist es unmöglich, nicht alles zu verabscheuen, was uns übertrifft, alles, was uns erniedrigt, alles, was uns einengt, alles, was dadurch, daß es etwas ist, uns hindert, alles zu sein.«[21] Die zivilisatorische *amour propre* steht dem natürlichen Mitleid und dem gesunden Maß an Selbstliebe diametral entgegen; sie ist der Inbegriff zivilisatorischer Entfremdung.

Auf den Punkt gebracht: Wo andere Fortschritt wähnen, erkennt Rousseau nur Degeneration. Würde Rousseau heute leben, sähe er sich womöglich durch die Prinzipien zeitgenössischer Aufmerksamkeitsökonomien mehr als bestätigt: digitale Hassrede, Klickraten, das Schielen auf Likes – was, wenn nicht die kalte, instrumentelle *amour propre*, ist hier tonangebend?

Kurzum: Dass die Menschheitsgeschichte eine Fortschrittsgeschichte im Sinne zunehmender Sensibilisierung wäre, lässt sich vor dem Hintergrund der rousseauschen Philosophie nicht erkennen. Damit vertritt der Denker exakt die entgegengesetzte Auffassung von Norbert Elias in seiner Schrift »Prozeß der Zivilisation«, die in Kapitel I dieses Buches zentral war. Für den Soziologen des 20. Jahrhunderts sind Sensibilität und Sittlichkeit rückblickend, wie wir gesehen haben, der Effekt einer geschichtlichen Entwicklung, die aus enthemmten Rittern vornehme Edelmänner am Hofe machte. Für den Zeitzeugen Rousseau sind diese Höflinge indes nicht sensibel, sondern eitel, leicht kränkbar und kränklich und vor allem bedacht auf ihr Ehrgefühl, das mit wahrer, authentischer, natürlicher Sensibilität, wie sie Rousseau vorschwebt, nichts zu tun hat.

Die zivilisierte, vom männlichen Gesetz der Konkurrenz beherrschte Welt: unrettbar verdorben? Nun, fast. Immerhin gibt es die grundgute Wäscherin Thérèse, Rousseaus treue Weggefährtin, die in ihrer Einfachheit der verlorenen naiven, natürlichen Empathie des Wilden wohl so nahekommt wie sonst kaum jemand. Und da ist eine andere Frau hohen Standes namens Julie: »Es scheint, daß menschliche Leidenschaften etwas zu Niedriges sind für eine so erhabene Seele, und wie Sie engelschön sind, sind Sie engelrein«, so heißt es in Rousseaus Briefroman »Julie ou la Nouvelle Héloïse«. »O Reinheit, die ich murrend verehre! (…) alle Begierden, die von Ihren Reizen entzündet werden, löschen aus in den Vollkommenheiten Ihrer Seele (…).«[22] »Julie«, 1761 erschienen, bringt Rousseau in der beschaulichen Abgeschiedenheit von Montmorency zu Papier und macht ihn international berühmt. Inspiriert nicht zuletzt durch Richardsons »Clarissa« (Rousseau hat das Buch mit Begeisterung gelesen) erzählt er in Briefen die Liebesgeschichte der guten, empathischen Julie d'Étranges und des bürgerlichen Saint-Preux, ihres Hauslehrers, aus dessen Feder die oben zitierten Zeilen stammen. Die nicht standesgemäße Beziehung hat keine Chance auf Dauer, und so heiratet Julie mit dem Einverständnis ihres Geliebten Monsieur de Wolmar. Saint-Preux gerät trotzdem in eine tiefe Krise, reist vor Kummer um die Welt, denkt über Selbstmord nach, schreibt Julie verzweifelte Briefe – und wird schlussendlich in das Eheglück Julies als eine Art Hausfreund integriert. Auf diese Weise wird die grundgute Julie das Zentrum einer kleinen, heilen Landkommune, in der weder Konkurrenz herrscht noch Narzissmus waltet, sondern pures Mitgefühl für ein wohlgesinntes Zusammensein sorgt, in dem jeder seinen Platz findet. Trotzdem findet Julie wie Richardsons Clarissa am Ende den Tod: Beim Versuch, ihren Sohn vor dem Ertrinken zu retten, zieht sie sich eine Krankheit zu und stirbt; ob Rousseau hier sein eigenes Geburtstrauma verarbeitet, muss Spekulation bleiben.

»Julie« wird für damalige Verhältnisse ein Megabestseller und macht Rousseau zum unangefochtenen Star und Superspreader der Empfindsamkeit: Siebzigmal wird der Briefroman neu aufgelegt, zwischendurch ist er immer wieder vergriffen, sodass Buchhändler beginnen, ihn stundenweise auszuleihen. Leserinnen wie Leser sind tief berührt, ja sogar hartgesottene Militäroffiziere greifen zum Taschentuch. Einer von ihnen, ein gewisser Louis François, lässt den Autor wissen, dass er niemals zuvor so »süße Tränen« geweint habe wie über den Tod der grundguten Frau.[23]

Julie: die vollkommene Seele. Der Inbegriff der Tugend. Die personifizierte Selbstliebe. Ja, gewiss ist die Frau höheren Standes zu allerlei Zierrat und Maskerade angehalten, und doch: Anders als die Männer, die sich in Konkurrenzkämpfen verausgaben und sich »einander ihre Liebschaften streitig machen«[24], ist die Frau den natürlichen Wurzeln näher. Die Frau als nährende, sorgende, mitfühlende, antiintellektuelle Lebensspenderin steht für Rousseau für das Gute. Sie ›heftet ihre Gefühle an andere‹, ist um ihr Wohl besorgt. Konkurrierende Eigenliebe ist ihr fremd.

Sind Frauen die moralischeren Menschen? Besitzen weiblich konnotierte Eigenschaften wie Rücksicht und Fürsorge –

man denke an die Care-Arbeit, also die (nach wie vor zumeist von Frauen geleistete) Pflege – einen höheren moralischen Wert als der männlich konnotierte Wettkampf? Ist Männlichkeit toxisch, Weiblichkeit hingegen von Natur aus gut? Wer dieser Auffassung ist, trägt Rousseaus Denken tief in sich. Ja, mehr noch: Die präromantische Überblendung von Weiblichkeit und Natur scheint mit Blick auf die Gegenwart nachgerade prophetisch. Immerhin sind es heute junge Frauen, die auf der ganzen Welt Menschen gegen den Klimawandel, gegen konkurrierende Profitmaximierung auf Kosten der Natur mobilisieren. Greta Thunberg und Luisa Neubauer: die Julies des 21. Jahrhunderts?

Das ist natürlich eine provokante Überspitzung. Aktivistinnen des 21. Jahrhunderts gehen keineswegs in naiver Güte auf wie Rousseaus Heldin. Und doch ist auffällig, wie sehr unsere Zeit von der Konfliktlinie ›Gute Weiblichkeit versus böse Männlichkeit‹ geprägt ist. Ein anderes Beispiel: die Proteste in Belarus. Wer waren nach der Wahlfälschung Alexander Lukaschenkos im August 2020 die treibenden, tragenden Kräfte des landesweiten Protests? Frauen. Maria Kolesnikowa, Veronika Tsepkalo und Swetlana Tichanowskaja, die bekanntesten Aktivistinnen und weiblichen Gesichter des Widerstands, verkörpern genauso das exakte Gegenbild zum herrschsüchtigen, männlichen Machthaber wie all jene Frauen, die sich in der Hochphase der Proteste auf der Straße in weißen Kleidern und mit Blumen zeigten, um der Autokratie sichtbar friedlich Einhalt zu gebieten. Immer wieder stellten sie sich zwischen Sicherheitskräfte und Demonstrierende, hielten Gewaltbereite auseinander, verhinderten drohende Eskalationen. Wie heißt es schon bei Rousseau: »Bei Aufständen, bei Straßenkämpfen läuft der Pöbel zusammen, der kluge Mensch entfernt sich (…).

(E)s sind die Weiber aus den Markthallen, welche die Kämpfenden trennen und die ehrbaren Leute daran hindern, sich gegenseitig umzubringen.«[25]

Es geht hier weder darum, die genannten Leistungen von Frauen, noch darum, weiblich konnotierte Eigenschaften wie Fürsorge zu schmälern. Ganz im Gegenteil. Doch gilt es sich bewusst zu machen, dass eine Glorifizierung der Frau als naturhaft moralisch höherstehend und ihre Festschreibung auf das Gute nicht nur existenziell einengt, sondern von patriarchalen Denkmustern geprägt ist.

Lust, Begierde, Wettkampf: Sache der Männer. So hält Rousseau in seiner berühmten Erziehungsschrift »Émile«, die nur ein Jahr nach »Julie« erscheint, unzweideutig fest, dass eine Frau, die sexuell ausschweifend lebt, »alle Bande der Natur« bricht.[26] Die begehrende Frau ist die zivilisatorisch entfremdete Frau; und es ist bezeichnend, dass sich diese letzte Bemerkung in einem Werk findet, in dem Rousseau sich vordergründig mit der Erziehung des Kindes beschäftigt, das von zivilisatorischen Einflüssen ferngehalten werden muss. Die schamhafte, zurückweisende Frau und das Kind, dessen natürliche, gute Anlagen nur auf dem Lande angemessen zu gedeihen vermögen, treffen sich, so könnte man sagen, im Nein zum Reiz und zur Verführung. Das Nein: Signum von Authentizität und Unschuld sowie der Kern der »negativen Erziehung«, wie der Denker sie in »Émile« beschreibt.

Dass ein »Nein« in jüngster Vergangenheit zum Slogan einer feministischen Bewegung wurde, ist vor diesem Hintergrund zweischneidig. #Neinheißtnein, so hieß die Kampagne gegen männliche Gewalt, die maßgeblich dazu beitrug, dass das Sexualstrafrecht in Deutschland 2016 reformiert wurde:

Wenn eine Frau Nein sagt oder signalisiert, meint sie Nein. Wer das Nein ignoriert, macht sich strafbar.

Die positive Seite des Nein liegt, zweifelsohne, in der weiblichen Selbstbestimmung, die in ihm unverbrüchlich zum Ausdruck kommt. Die Nein sagende Frau ist autonom – und kein Spiegel des männlichen Begehrens. Doch erhellt sich das Nein mit Blick auf Rousseau noch einmal von einer ganz anderen Seite her: Aus dem feministischen »Nein« kann eben auch eine Denktradition sprechen, die Weiblichkeit mit Unschuld gleichsetzt und von Frauen sexuelle Zurückhaltung fordert: »Der Mund sagt immer Nein und muss es sagen«[27], schreibt Rousseau in Bezug auf die Frau.

Hier die (männliche) Begierde, dort die (weibliche) »Vollkommenheit der Seele«: Es ist diese klare Zweiteilung in bloße körperliche Reize und tugendhafte Empathie, die aus feministischer Sicht Probleme birgt: Eine Frau, die konkurriert und begehrt, muss in diesem Weltbild als krank, gar abartig erscheinen.

Zugespitzt gesagt: Ihr Gutsein wird der Frau zum Gefängnis – was niemand genussvoller ausgeschlachtet hat als ein gewisser Donatien Alphonse François de Sade. Die Grundparameter der Empfindsamkeit stellt der berühmte Pornosoph auf den Kopf: Gewalt, und zwar gerade die gegen tugendhafte Frauen, ist nicht von Natur aus abstoßend. Im Gegenteil, so Sade: Sie ist der Ursprung der Lust. Mit diesem Befund und dessen radikaler literarischer Umsetzung legt Sade die Leerstelle der Moderne und die damit verbundene Haltlosigkeit aufklärerischer Empathietheorien gnadenlos frei. »Die Morallehren der Aufklärung zeugen von dem hoffnungslosen Streben, an Stelle der geschwächten Religion einen intellektuellen Grund dafür zu finden, in der Gesellschaft auszuhalten, wenn das Interesse versagt«[28], schreiben Max Horkheimer und Theodor W. Adorno mit Bezug auf Sade in ihrer »Dialektik der Aufklärung«. Auch der Moralphilosophie Humes und Rousseaus entzieht Sade den Boden: Im gottlosen Universum der Libertins bekommt das Mitfühlen ein durch und durch sadistisches Vorzeichen.

EMPFINDSAMKEIT MIT SADE

»Viele der Verirrungen, die du geschildert sehen wirst, werden dir ohne Zweifel missfallen, man weiß es, aber es werden sich auch einige finden, die dich derart entzücken werden, daß es dir den Samen kosten wird, und das ist alles, was wir wollen.«[29] So schreibt Sade im Jahr 1785 am Vorabend der Französischen Revolution in seiner Gefängniszelle der Pariser Bastille. Das Manuskript mit dem Titel »Hundertzwanzig Tage von Sodom oder die Schule der Ausschweifung« verfasst der Marquis in kürzester Zeit, die Zeilen fließen nachgerade aus seiner Feder, und als das Werk fertig ist, steckt es der Autor zwischen die Quadersteine seiner Zelle. Während des Sturms auf die Bastille verschwinden die Papiere; erst viel später werden sie wiederentdeckt und 1904 veröffentlicht.

Sade, aus adeligem, hochangesehenem Hause stammend, saß zuvor schon einmal im Gefängnis. Ein vierundzwanzige Jahre altes Mädchen hatte ihn im Herbst des Jahres 1763 bei der Polizei angezeigt. Ein blonder schlanker Mann, erzählt die Prostituierte Jeanne Testard auf dem Revier, habe sie in sein Haus bringen lassen, die Tür abgeschlossen und sie in eine wahre Folterkammer geführt: Birkenruten, Zangen mit erhitzbaren Metallspitzen und allerlei andere furchteinflößende

Gerätschaften hätten zum Einsatz bereitgelegen. Wie durch ein Wunder, so das Mädchen, habe es sich rechtzeitig befreien und fliehen können.[30]

Viele andere Frauen haben später weniger Glück. Heikel wird für Sade der Fall Rose Keller, in gewissen Details mutet er erstaunlich aktuell an. Rose, eine junge Frau aus Deutschland, schildert die Vorkommnisse so: Sade habe sie mit dem Vorwand in sein Haus gelockt, er suche ein Stubenmädchen, habe ihr dann aber, sobald die Tür geschlossen war, plötzlich befohlen, sich auszuziehen; ansonsten werde er sie töten und im Garten verscharren. Dann habe Sade, der nur mit einem ärmellosen Umhang, einer Art Bademantel, bekleidet gewesen sei, sie an ein Bett gefesselt und mit einer Peitsche und einem Stock geschlagen, ihr mit einem Messer gar Schnitte zugefügt. Hinterher habe er ihre Wunden mit Siegellack und Brandy begossen.

Sades Version geht etwas anders: Das Mädchen, behauptet er steif und fest, als man ihn polizeilich befragt, habe gewusst, was sie erwarte, und sei freiwillig mitgekommen. Mit Wonne habe sie sich bäuchlings aufs Bett geworfen und mit einer Peitsche aus verknoteten Schnüren (und nicht Birke!) ein wenig züchtigen lassen. Messer, Siegellack? Alles frei erfunden! Er habe sie hinterher lediglich mit einer weißen Salbe eingerieben.

Schlussendlich einigt man sich auf eine Entschädigung. Rose Keller erhält zweitausendvierhundert Livres, doch die Behörden lassen Sade nicht mehr aus den Augen. Es folgen weitere Eskapaden, Frauen berichten von gezielten Betäubungen, Misshandlungen, ungewolltem Analverkehr unter Narkose; 1777 schließlich wird der Marquis für sieben Jahre in Vincennes eingekerkert, nach einem Fluchtversuch verlegt man ihn in die Bastille, wo er bis 1789 bleiben wird. Schriftstellerisch indes ist die Zeit des Freiheitsentzugs seine fruchtbarste: Neben »Hundertzwanzig Tage von Sodom« verfasst der Marquis hier auch die ersten Versionen seines zehnbändigen pornosophischen Monsterwerks »Justine und Juliette«.

Der Roman, 1797 in Holland erstmals veröffentlicht, erzählt die Abenteuer zweier Schwestern, die nach dem Ableben ihrer vermögenden Eltern auf sich allein gestellt sind und verschiedener nicht sein könnten. Juliette (Biographen zufolge dem Bilde seiner Schwägerin nachgeformt, die Sade heiß begehrte) gehorcht einzig allein ihrer Lust, für die sie auch vor Mord nicht zurückschreckt. Justine hingegen ist die verkörperte reine Unschuld. Eine Art Wiedergängerin von Rousseaus Julie und Richardsons Clarissa, die, seitdem die Schwestern getrennter Wege gehen, von rücksichtslosen Libertins misshandelt, geschlagen und vergewaltigt wird. Was bei den Romanciers der Empfindsamkeit hinter dem Schleier des Schweigens verborgen bleibt, wird von Sade bis ins kleinste Detail geschildert. Das Ergebnis ist von heutiger Gang-Bang-Hardcorepornographie kaum zu unterscheiden:

»Ein Kreis formt sich; er wird von sechs Mönchen gebildet, die jeweils von zwei Mädchen und einem Knaben umgeben sind; Justine wird in der Mitte aufgestellt (…). Sie kommt zu Severino, der den Hintern des fünfzehnjährigen Mädchens begrabschte, welches überdem vom kleinen Lustbuben gestipst wurde; mittlerzeit zwang er das eine dreißigjährige Mädchen, den Schwanz des Jünglings zu lecken, denselben Dienst ließ sich der Mönch von Justine erweisen, wobei er ihr Arschloch bezüngelte. Sie wechselt zu Clément, der sich gerade daran ergötzte, der Fünfundzwanzigjährigen Arschklitschen zu verabreichen, die Zwanzigjährige in den Hintern zu zwicken und sich dabei von seinem Lustbuben wichsen zu lassen: Justine schwenkt ihren Popo aus; Clément küßt ihn und schnuppert an ihren Achselhöhlen.«[31]

Die populäre Grundannahme seiner Zeit, Gewalt könne nur Abscheu und Mitleid erzeugen, nimmt Sade auf und führt sie durch Schilderungen wie diese ad absurdum. Wie war das bei Rousseaus »Julie«? Der Offizier hat während der Lektüre »süße Tränen« geweint? Nun ja. Passt auch. Irgendwie.

Sade ist, was man landläufig ›pervers‹ nennt. Dies allerdings ganz buchstäblich. Das lateinische *perversus* meint zu Deutsch: verdreht, verkehrt: Sade dreht, indem er die menschlichen Abgründe auf die Spitze treibt und hervorkitzelt, Gewissheiten um, verkehrt sie in ihr Gegenteil. Nur die gute Tat weist den Weg zum Glück (Hume)? Die Vollkommenheit der Seele ist der sexuellen Begierde vorzuziehen (Rousseau)? Nun, so lässt Sade einen seiner Libertins ausführen: »Wenn der Mensch sich größere Klarheit über die Ziele erlangte, welche er beim Akt der Sinnenlust verfolgt, so würde er seinem Herzen jenes schlimme, alles versengende und alles verzehrende Fieber ersparen: wenn er die Überzeugung gewänne, dass man keineswegs geliebt werden muss, um sich zu verlustieren, ja, daß die Liebe dem Rausch der Wollust mehr Abbruch als Eintrag tut, dann würde er dieser metaphysischen Schwärmerei, die ihn verblendet, abschwören und sich mit der schlichten Körperlust bescheiden, würde endlich wahres Glück erfahren und sich für alle Zeiten den Kummer ersparen, der mit seinem fährnisreichen Zartgefühl unauflöslich verknüpft ist.«[32]

Damit legt Sade den Finger tief in die Wunde der Moderne: Wenn kein Gott mehr Urgrund von Moral und Sitte ist, was sollte die Menschen dann noch dazu bewegen, gute Handlungen zu vollbringen, von denen sie doch – Justine etwa wird am

Ende des Romans vom Blitz getötet – gar nichts haben, ja, die sie nur umso tiefer ins Unglück stürzen?

Eine Einsicht, die Justines Schwester Juliette mit jeder Faser verkörpert, indem sie ihre Existenz ganz und gar der Lust am Bösen verschreibt. Wie die Männer vergewaltigt und quält sie, selbst ihre Ejakulation steht der ihrer libertinen Mitstreiter in nichts nach. Juliette: eine durch und durch phallische Frau – und, bei aller Boshaftigkeit, um Galaxien emanzipierter als ihre naiv-unterwürfige Schwester.

Kurzum: Im Werk Sades zeigt sich, dass Empathie keineswegs notwendig mit guter Gesinnung einhergeht. Vielmehr treibt der radikale Materialist das gerade Gegenteil auf die Spitze: Man fühlt intensiv mit, um nur umso effektiver quälen zu können. »Dem Grausamen ist der Schmerz oder das Leid, das er bereitet, durchaus in einer Funktion des Nachfühlens gegeben!«, wird es später bei Max Scheler heißen. »Er hat gerade die Freude am ›Quälen‹ und der Qual seines Opfers. Indem er im Akte des Nachfühlens den Schmerz oder das Leid des Opfers steigen fühlt, wächst seine originäre Lust und das Genießen des fremden Schmerzes.«[33]

HÖHERE STUFE DER ZIVILISATION?

Verlassen wir nun das Jahrhundert der Tränen. Die Abgründe und Kehrseiten der modernen Empfindsamkeit freizulegen, war das Kernanliegen dieses Kapitels. Denn nur so wird ersichtlich, warum und inwiefern die Empathie, der in unserer Zeit wieder ein so hoher Stellenwert beigemessen wird, bei aller Progressivität auch problematisches Potenzial in sich trägt. Es ist richtig und wichtig, das Leiden von Betroffenen nachzuempfinden, mit ihnen mitzufühlen. Nur so erfährt erlittenes Unrecht Anerkennung. Nur so gibt es die Chance auf Gerechtigkeit. Doch ist die reine Empfindung noch keine Moral. Nichts kann uns von der Notwendigkeit des Urteils und der damit einhergehenden Distanzierung entbinden. Denn nicht alles, was nachempfunden werden kann, verdient Solidarität und Anerkennung.

Als Gefühl birgt die Empathie selbst tiefe Abgründe. Ihre dunkle Seite ist der Lustgewinn, der sich aus fremdem Leid ziehen lässt. Diese Seite zeigt sich auch dann, wenn man Menschen regelrecht in Opferpositionen gefangen hält. Etwa, indem man paternalistisch für andere spricht, sich schützend vor sie stellt und an ihrer statt sagt, welche Begriffe sie diskriminieren. Oder indem man Frauen auf hilflose Wesen reduziert.

Die dunkle Seite der Empathie offenbart sich überdies in der Gewalt, die sie zu entfachen vermag. Gefühlsansteckungen entfesseln, mobilisieren Massen – im Guten wie im Schlechten.

Bezweifelbar ist insofern die These des Evolutionsbiologen Steven Pinker, »dass die Gewalt im Lauf der Geschichte tatsächlich abgenommen hat«[34]. Die destruktiven Affekte des Menschen verschwinden ja nicht einfach. Vielmehr sind sie aufgehoben in einem empathischen Sadismus, der immer subtilere Formen findet: etwa, wie Fritz Breithaupt schreibt, »das Strafen und viele leider alltägliche Verhaltensformen wie das Demütigen, Herabsetzen oder Bloßstellen«[35].

Die Glorifizierung der Empathie birgt – und das wird Thema der folgenden beiden Kapitel sein – ein weiteres Problem. So beraubt sich das Gattungswesen Mensch entscheidender Selbstschutz- und Abwehrpotenziale, wenn es die Ambivalenz der Gefühle verwirft. Pointierter: Was, wenn das Geheimnis menschlicher Resilienz in einem archaischen Le-

bensdrang läge? In einer unbewussten, an die menschliche Urgeschichte mahnenden Triebkraft, die in Momenten größter
Ohnmacht eine drohende Vernichtung verhindert?

Machen wir einen Sprung und begeben uns ins Jahr 1915.
Wenige Monate zuvor ist der Erste Weltkrieg ausgebrochen,
der zwanzig Millionen Menschen das Leben kosten wird. Sigmund Freud, der Begründer der Psychoanalyse, ist zu diesem
Zeitpunkt fast sechzig Jahre alt, lebt in Wien und verfasst
unter dem Eindruck der erschütternden Ereignisse zwei Essays, die unter dem Titel »Zeitgemäßes über Krieg und Tod«
erscheinen. Ein weitaus jüngerer, neunzehnjähriger Deutscher
befindet sich an der Front in Frankreich. Sein Name: Ernst
Jünger.

IV: DIE GEWALT IN UNS

FREUD UND DAS
UNVERGÄNGLICHE PRIMITIVE

»Der Krieg, an den wir nicht glauben wollten, brach nun aus, und er brachte die – Enttäuschung. Er ist nicht nur blutiger und verlustreicher als einer der Kriege vorher, infolge der mächtig vervollkommneten Waffen des Angriffes und der Verteidigung, sondern mindestens ebenso grausam, erbittert, schonungslos wie irgendein früherer.«[1] So schreibt Sigmund Freud ein paar Monate nach Kriegsbeginn und fragt, wie die Kriegsbegeisterung der Massen und die »Brutalität im Benehmen des einzelnen«[2] zu erklären seien. Wie es sein kann, dass Errungenschaften wie das Völkerrecht mit einem Mal nichts mehr zählen. Warum der zivilisatorische Fortschritt als solcher, der doch angeblich »die bösen Neigungen des Menschen in ihm ausgerottet« und diese »unter dem Einflusse von Erziehung und Kulturumgebung durch Neigungen zum Guten«[3] ersetzt habe, einen solchen Krieg zulasse. Freuds Antwort lautet: Weil genau diese Annahme, dass der Mensch eine höhere Stufe der Sittlichkeit erklommen habe, so schlicht nicht stimmt. In Wahrheit handle es sich um eine folgenschwere »Illusion«, deren Nachwehen auch in der Gegenwart zum Beispiel in der Kritik am so genannten ›Gutmenschen‹ noch präsent sein mögen: »In Wirklichkeit«, so Freud unmissverständlich, »gibt es keine ›Ausrottung‹ des Bösen. Die psychologische – im strengen Sinne die psychoanalytische – Untersuchung zeigt vielmehr, daß das tiefste Wesen des Menschen in Triebregungen besteht, die elementarer Natur, bei allen Menschen gleichartig sind und auf die Befriedigung gewisser ursprünglicher Bedürfnisse zielen.«[4] Diese »egoistischen« und »grausamen« Triebregungen seien an sich weder gut noch böse, sondern werden »von der Gesellschaft als böse verpönt«[5]. Aus diesem Grund zeigten sie sich vornehmlich im Traum, wenn wir »unsere mühsam erworbene Sittlichkeit wie ein Gewand von uns werfen«[6].

Das verheerende Problem liegt nun für Freud nicht in der negativen Bewertung unserer »Triebveranlagung« als solcher – wie sonst sollte Kultur entstehen? – sondern darin, dass die auch im modernen Menschen noch wohnende »Gefühlsambivalenz«[7] nicht gesehen und anerkannt wird. »(S)tarkes Lieben und starkes Hassen«, so zeige sich in seiner Arbeit, seien in der Regel in ein und demselben Menschen vereint, und alles hänge davon ab, ob und in welcher Weise die verpönte Seite verarbeitet, die Triebveranlagung des Menschen gebunden, übersetzt, aufgefangen wird.

Umso fataler ist aus Freuds Sicht, dass die »Kulturgesellschaft (…) die gute Handlung fordert und sich um die Triebbegründung derselben nicht kümmert«[8], sogar bestrebt ist, die »sittlichen Anforderungen möglichst hoch zu spannen«[9]. Auf diese Weise erklärten sich nicht nur die zahlreichen neurotischen Pathologien, sondern – und hier kommen wir auf den Krieg zurück – man erziehe die Menschen zu reinem Kulturgehorsam, der äußerst fragil sei. Aus Freuds Perspektive stellt der Krieg insofern eine passende Gelegenheit dar, die mit Mühe unterdrückten Triebe zu ihrem Recht kommen zu lassen: »Wo die Gemeinschaft den Vorwurf aufhebt, hört auch die Unterdrückung der bösen Gelüste auf, und die Menschen begehen Taten von Grausamkeit, Tücke, Verrat und Roheit, deren Möglichkeit man mit ihrem kulturellen Niveau für unvereinbar gehalten hätte.«[10] So weit kann die »Rückbildung« des kulturellen Niveaus, die »Regression«, gehen, dass es nie wieder voll erreicht wird. Immer wiederhergestellt hingegen können einzig »die primitiven Zustände« von unvorstellbarer Brutalität werden: »(D)as primitive Seelische ist im vollsten Sinne unvergänglich.«[11]

Doch nicht nur das ungehemmte Morden lässt sich nach Freud aus dieser Präsenz des Primitiven erklären. Auch das Heldentum, das Trotzen gegen den Tod, vor dem sich der Mensch unter normalen Umständen so tief ängstigt, geht Freud zufolge auf das Primitive zurück. Der Urmensch, so führt er aus, kannte keine Todesangst aus Schuldbewusstsein, selbst der Tod von nahen Verwandten war ihm nicht ganz unrecht, weil er in ihnen, weit uneingeschränkter als wir heute, auch Fremde, gar Feinde sah. Diese Urgeschichte nun lebe bis in die Gegenwart fort, nämlich im Unbewussten, und so verhalte sich, schlussfolgert Freud, unser Unbewusstes zum Tod »fast genauso wie der Urmensch«: »Also unser Unbewußtes glaubt nicht an den eigenen Tod, es gebärdet sich wie unsterblich.«[12] Entsprechend hat das Heldentum für Freud weniger mit abstrakten Idealen zu tun als vielmehr mit dem Urmenschen in uns: »(I)ch meine, häufiger dürfte das instinktive und impulsive Heldentum sein, welches von solcher Motivation absieht und einfach (…) den Gefahren trotzt.«[13]

Freud war niemand, der den Krieg guthieß, im Gegenteil ist seine Abhandlung entstanden aus einem Gefühl tiefster Erschütterung. Und doch erkennt er, dass in dem Todestrotz eine Kraft verborgen liegt. Das Archaische in uns ist für Freud, so wird das folgende Kapitel genauer zeigen, mit der Kraft der Resilienz tief verbunden.

Zudem komme, wie er schreibt, im Krieg ein gewisser Realitätssinn zum Ausdruck. Der Tod wird nicht verdrängt, sondern als reale Möglichkeit anerkannt. Damit verknüpft sei eine existenzielle Intensität, die uns abhandenkomme, wenn das Leben allzu wichtig genommen wird: »Das Leben verarmt, es verliert an Interesse, wenn der höchste Einsatz in den Lebensspielen, eben das Leben selbst, nicht gewagt werden darf. Es wird so schal, gehaltlos wie etwa ein amerikanischer Flirt, bei dem es von vornherein feststeht, daß nichts vorfallen darf (…).«[14] Noch schwerer als diese Schalheit des Lebens scheint für Freud jedoch die illusorische Todesferne des Kulturmenschen zu wiegen. Wer den Tod verdrängt und sich der Furcht vor ihm unterwirft, so entfaltet Freud in seiner Abhandlung, verkennt, woher er kommt und welche Geschichte bis heute in uns wohnt: »Sollten wir nicht zugestehen, daß wir mit unserer kulturellen Einstellung zum Tode psychologisch wieder einmal über unseren Stand gelebt haben, und vielmehr umkehren und die Wahrheit fatieren? Wäre es nicht besser, dem Tode den Platz in der Wirklichkeit und in unseren Gedanken einzuräumen, der ihm gebührt, und unsere unbewußte Einstellung zum Tode, die wir bisher so sorgfältig unterdrückt haben, ein wenig mehr hervorzukehren?«[15]

Sätze, die uns heute, da wir den Lebensschutz – auch und insbesondere in der Corona-Krise – zu den höchsten Kulturgütern zählen, regelrecht gefährlich vorkommen mögen. Und doch lehrt die Gegenwart auch, dass gerade der unbedingte Lebensschutz es ist, der das Leben selbst – verstanden als das gute, lebenswerte Leben – verhindern kann. Gelesen werden müssen Freuds Ausführungen zudem vor dem Hintergrund einer historischen Situation, in der das Sterben allgegenwärtig und für Millionen von Menschen unausweichlich war. Wenn Freud also dazu auffordert, ihn als Realität anzuerkennen, um »der Wahrhaftigkeit mehr Rechnung zu tragen und das Leben wieder erträglicher zu machen«[16], dann handelt es sich hier auch um eine Einsicht im Sinn der antiken Stoa: Was du nicht ändern kannst, das nimm an.

ERNST JÜNGERS INNERES ERLEBNIS

Die Realität des Krieges allerdings kennt Freud, wie er selbst einräumt, nur als Beobachter aus der Ferne. Noch gibt es keine traumatisierten Kriegsrückkehrer, die sich (was ohnehin selten genug vorkommen wird) auf seine Couch legen, und so bemerkt er an einer Stelle seiner Abhandlung: »Es wäre gewiß sehr interessant, die Veränderungen in der Psychologie der Kämpfer zu studieren, aber ich weiß zu wenig darüber.«[17]

Was für ein Fundus wäre, so lässt sich aus heutiger Sicht sagen, Ernst Jünger für Freud gewesen. Und wie sehr hätte der Begründer der Psychoanalyse seine Hypothesen über das Unbewusste durch jenen Mann, der zu den Kriegsbegeistertsten und auch, nach damaligen Kategorien, Heldenhaftesten seiner Zeit zählte, bestätigt gefunden.

Während Freud in Wien versucht, den »Wirbel dieser Kriegszeit«[18] zu verstehen, macht Ernst Jünger Erfahrungen als Soldat, die er in Tagebüchern festhält. Aus den Aufzeichnungen hervor geht unter anderem Jüngers erfolgreichstes Buch »In Stahlgewittern«, dessen Handlung zu Beginn des Jahres 1915 einsetzt.

Jünger hat mit seiner Kompanie gerade die Champagne erreicht, untergebracht sind die Männer in der Schule des kleinen Ortes Orainville. Noch hat der junge Mann keinen wirklichen Kontakt mit dem Krieg gehabt, doch das soll sich an diesem, wie der Autor schreibt, »erste(n) Kriegstag«[19] ändern. »Wir saßen in der uns zur Unterkunft zugewiesenen Schule und frühstückten. Plötzlich dröhnte eine Reihe dumpfer Erschütterungen in der Nähe, während aus allen Häusern Soldaten dem Dorfeingang zustürzten (…). Gleich darauf erschienen dunkle Gruppen auf der menschenleeren Dorfstraße, in Zeltbahnen oder auf den verschränkten Händen schwarze Bündel schleppend. Mit einem merkwürdig beklommenen Gefühl der Unwirklichkeit starrte ich auf eine blutüberströmte Gestalt mit lose am Körper herabhängendem und seltsam abgeknicktem Bein, die unaufhörlich ein heiseres ›Zu Hilfe!‹ hervorstieß (…).«[20] Es folgen Granateinschläge im nahe gelegenen Schloss, dreizehn Menschen sterben, doch »(o)bwohl die Beschießung sich in jedem Augenblick wiederholen konnte, zog mich das Gefühl einer zwingenden Neugier an den Unglücksort (…). Die Straße war von großen Blutlachen gerötet; durchlöcherte Helme und Koppel lagen umher. Die schwere Eisentür des Portals war zerfetzt und von Sprengstücken durchsiebt, der Prellstein mit Blut bespritzt. Ich fühlte meine Augen wie durch einen Magneten an diesen Anblick geheftet; gleichzeitig ging eine tiefe Veränderung in mir vor.«[21]

In dieser Metamorphose wird anschaulich, was Freud theoretisch beschreibt: Hervor tritt das Primitive, das den Schock abmildert, im Fall von Jünger gar in Faszination verwandelt. Der unmittelbare Anblick des Grauens wirft ihn auf eine primitive Vorzeit zurück, wobei dieser Zustand es ihm ermöglicht, nicht nur standzuhalten, sondern genau diese Erfahrung fortan zu suchen, nicht zuletzt um der existenziellen Intensität willen: »Mir macht das Kriegsleben jetzt grade den richtigen Spaß, das ständige Spiel mit dem Leben als Einsatz hat einen hohen Reiz«, hält Jünger später in seinem Tagebuch fest. »Man lebt, man erlebt, man gelangt zu Ruhm und Ehren – das alles nur um den Einsatz eines armseligen Lebens.«[22]

Mehrfach wird Ernst Jünger schwer verwundet, mordet, schießt seinen Feinden mitten ins Gesicht, erlebt, wie seine Kameraden sterben, doch die Schrecken des Krieges, die er durchaus auch betont (»Wann hat dieser Scheißkrieg ein Ende?«), tun seiner unwiderstehlichen Anziehungskraft bis zum Ende keinen Abbruch.

1920, zwei Jahre nach Kriegsende, erscheint Jüngers Buch »Kampf als inneres Erlebnis«, und hier zeigt sich deutlich, wie sehr sich sein eigener Versuch der Reflexion mit derjenigen Freuds berührt. Der Krieg, so Jünger, sei etwas Ewiges, Urzeitliches, das wir alle tief in uns tragen: »Aber der Krieg ist nicht tot, wenn keine Dörfer und Städte mehr brennen, wenn nicht mehr Millionen mit verkrampfter Faust im Feuer verbluten, wenn man nicht mehr Menschen, wimmernde Bündel, auf die blanken Tische der Lazarette schnallt. Er wird auch nicht geboren von einigen Staatsmännern und Diplomaten, wie viele glauben. Das ist alles nur äußerlich. Die wahren Quellen des Krieges springen tief in unserer Brust, und alles Gräßliche, was zuzeiten die Welt überflutet, ist nur ein Spiegelbild der menschlichen Seele, im Geschehen sich offenbarend.«[23] Gewiss, räumt Jünger ein, sei der Kampf inzwischen hochtechnisiert, Instrumente seien zu »Organe(n) der Erkenntnis« avanciert, »(d)och unter immer glänzend polierter Schale, unter allen Gewändern, mit denen wir uns wie Zauberkünstler behängten, blieben wir nackt und roh wie die Menschen des Waldes und der Steppe. Das zeigte sich, als der Krieg die Gemeinschaft Europas zerriß (…). Da entschädigte sich der wahre Mensch in rauschender Orgie für alles Versäumte. Da wurden seine Triebe, zu lange schon durch Gesellschaft und Gesetze gedämmt, wieder das Einzige und Heilige und die letzte Vernunft.«[24] Im Krieg entledigt sich der Mensch der »Maskierung«, die zivilisatorisch auferlegt wurde, »nackt wie je bricht er hervor, der Urmensch, der Höhlensiedler in der ganzen Unbändigkeit seiner entfesselten Triebe. (…) Im Kampfe, im Kriege, der alle Übereinkunft vom Menschen reißt wie die zusammengeflickten Lumpen eines Bettelmannes, steigt das Tier als geheimnisvolles Ungeheuer vom Grunde der Seele.«[25]

Unüberhörbar schwingt hier nicht nur Freud, sondern auch der Philosoph Arthur Schopenhauer mit, dessen Metaphysik des Willens die Psychoanalyse tief beeinflusst hat. Der »Wille« ist nach Schopenhauer der Urgrund menschlichen Handelns und der weltlichen Erscheinungen, ein reiner, unbewusster Lebensdrang, der alles durchwirkt und den Tod verachtet,[26] ein, nun wiederum mit Jüngers Worten, »Wille zum Leben, der Wille zum Kampf und zur Macht, und sei es um den Preis des Lebens selbst. Vor diesem nächtlichen und unaufhörlichen Vorüberfluten zum Kampf werden alle Werte nichtig, alle Begriffe hohl, man empfindet die Äußerung eines Elementaren, Gewaltigen, das immer war und immer sein wird, auch wenn es längst keine Menschen und keine Kriege mehr gibt.«[27]

SCHMERZ ALS KONSTANZPRINZIP

Wenn aber nun die Härte des Krieges, wie Jünger meint, im Grunde unserer Natur entspricht: Wie erleben, ja, wie *ertragen* wir dann, so fragt er, die Weichheit friedlichen Wohlstands?

1934, der Erste Weltkrieg ist längst vorbei, der Zweite steht kurz bevor, erscheint Ernst Jüngers Essay »Über den Schmerz«, in dem er das »Anwachsen der Empfindlichkeit« in den Blick nimmt und in Zusammenhang setzt mit der Trennung des »Menschen von den Elementarkräften«[28]. Auf die Annahme einer vorzeitlichen, allgegenwärtigen Brutalität gründet der Schriftsteller die These, dass der Schmerz als Kernerfahrung nicht aus der Welt zu schaffen sei: »Es gibt keine menschliche Lage, die vor dem Schmerz gesichert ist«.[29] Zwar habe der Mensch unzählige Anstrengungen unternommen und Maßnahmen eingeleitet, um ihn zu bannen, »die Abschaffung der Folter und des Sklavenhandels, die Erfindung des Blitzableiters, die Pockenimpfung, die Narkose, das Versicherungswesen und eine ganze Welt des technischen und politischen Komforts«[30] etwa. Doch damit verschwinde der Schmerz nicht, sondern er verschiebe sich lediglich in andere, zivilisiertere leidvolle Phänomene, wandere in sie ein: »Wo an Schmerz gespart wird, stellt sich das Gleichgewicht nach den Gesetzen einer ganz bestimmten Ökonomie wieder her, und man kann unter Abwandlung eines bekannten Wortes von einer ›List des Schmerzes‹ sprechen, die ihr Ziel auf allen Wegen erreicht. Wenn man daher den Zustand eines breiten Behagens vor Augen sieht, darf man ohne weiteres fragen, wo die Last getragen wird (…). So ist die Langeweile nichts anderes als die Auflösung des Schmerzes in der Zeit.«[31] Auch »die Herrschaft der Psychologie als einer Wissenschaft, die zum Schmerz in innigster Beziehung steht«[32], zählt Jünger zum Konstanzprinzip des Schmerzes. Wird er körperlich kaum mehr spürbar, verlagert er sich ins Psychische, tobt sich in der Seele aus:

»(D)ie Summe des nicht in Anspruch genommenen Schmerzes (häuft) sich zu einem unsichtbaren Kapital an (…), das sich um Zins und Zinseszins vermehrt.«[33] Der körperliche Schmerz ist eine Art Energieabfuhr, eine Spannungsentladung. Je mehr er zivilisatorisch getilgt wird, desto stärker wird er künstlich erzeugt: durch Extremsport zum Beispiel oder Selbstverletzung, etwa das Ritzen in die Haut.

An dieser Stelle lohnt es sich, innezuhalten und einen Blick zurückzuwerfen. Denn diese Beobachtung, dass der Schmerz nicht verschwindet, sondern sich verwandelt und verlagert, war uns in gewisser Weise bereits bei Norbert Elias begegnet. Indem der Prozess der Zivilisation die Triebe hemmt, macht er die Welt nicht nur friedlicher, sondern bringt gleichzeitig auch neue, nämlich seelische Leiden hervor. Diese Beobachtung ist natürlich auch die wesentliche Grundlage der freudschen Psychoanalyse sowie überhaupt der Psychologie, und sie taucht bereits bei Friedrich Nietzsche auf, wenn er in seiner zweiten Abhandlung der »Genealogie der Moral« schreibt, dass in dem Maße, wie die aggressive »Entladung des Menschen nach Aussen *gehemmt*«[34] wird, sich der seelische Schmerz erhöht: »Der Mensch, der sich, aus Mangel an äusseren Feinden und Widerständen, eingezwängt in eine erdrückende Enge und Regelmäßigkeit der Sitte, ungeduldig selbst zerriss, verfolgte, annagte, aufstörte, misshandelte, dies an den Gitterstangen seines Käfigs sich wund stossende Thier«[35], beginnt, an sich selbst zu leiden. Anders gesagt: An die Stelle der äußeren Gewalt tritt im Zuge der Zivilisationsgeschichte in immer stärkerem Maße eine innere: das peinigende, einzwängende Gewissen. Der Schmerz ist in dieser Instanz gewissermaßen aufgehoben, und zwar als Selbstgeißelung, Selbstkasteiung und Selbstverneinung – im schlimmsten Fall bis hin zur Selbstvernichtung, zum Suizid.

Nun kann es hier gewiss kaum darum gehen, vormoderne

Zustände herbeizusehnen, in denen Menschen gefoltert wurden, um sie zu bestrafen, und schrecklichsten Schmerzen ausgesetzt waren (was in Teilen der Welt natürlich auch heute noch geschieht). Doch gilt es, sich bewusst zu machen, dass der Schmerz im hochsensibilisierten, hochkontrollierten Selbst unserer Tage noch präsent ist, nur eben in anderer, verinnerlichter Form.

Unternehmen wir, um diese Entwicklung von der äußeren zur inneren Gewalt nachzuvollziehen, noch einmal einen kleinen Exkurs ins 18. Jahrhundert, um anschließend wieder auf Jünger zurückzukommen: Während Jean-Jacques Rousseau gerade im ländlichen Montmorency an seiner »Julie« schreibt (vgl. Kapitel III), wird nur wenige Kilometer entfernt von dieser romantischen Beschaulichkeit ein Mensch gefoltert.

DIE GEWALT DER DISZIPLINIERUNG

Wir schreiben den 28. März 1757. Auf der Pariser Place de Grève schreit verzweifelt ein Mann. Robert-François Damiens wird versuchter Königsmord vorgeworfen. Dem Mann, »nackt bis auf ein Hemd«, wird zunächst jene Hand, mit der er den König töten wollte, durch Schwefelfeuer verbrannt. Dann tritt ein Scharfrichter an ihn heran, bewaffnet mit einer langen Zange aus Stahl, mit der er dem Verurteilten unter großer Kraftanstrengung Fleischstücke vom Körper reißt: erst vom rechten Bein, anschließend vom Oberschenkel, den Armen und schließlich den Brustwarzen. Damiens schreit, bittet Gott um Verzeihung, doch es hilft nichts. In seine Wunden, »groß wie Laubtaler«, werden nun, so sieht es das Urteil vor, siedende Flüssigkeiten gegossen: »geschmolzenes Blei, siedendes

Öl, brennendes Pechharz und mit Schwefel geschmolzenes Wachs«. Noch schrecklicher werden seine Schmerzen, als man beginnt, Seile an seinen Gliedern zu befestigen. Fest zurrt man sie um Arme und Beine. Dann werden vier Pferde herangeführt und jedes von ihnen an eines der Seile gespannt. Mit einem Ruck beginnen die Pferde zu ziehen, doch Damiens ist zäh. Die Gelenke brechen zwar, aber Arme und Beine bleiben am Rumpf. Man holt schließlich zwei weitere Pferde; allein, auch sie führen nicht zum gewünschten Ergebnis. Der Scharfrichter bittet den Gerichtsschreiber daraufhin, beim Gerichtsherrn nachzufragen, wie weiter zu verfahren sei. Der Gerichtsschreiber macht sich auf den Weg, was naturgemäß dauert, Damiens unterdes, welche Alternative hätte er auch, erträgt den Schmerz, wartet auf sein unausweichliches Ende. Nach einer Weile kehrt der Gerichtsschreiber zurück mit der Nachricht, man solle es weiter versuchen. Die Pferde werden noch härter angetrieben, doch als eines von ihnen aufs Pflaster stürzt, ziehen zwei Scharfrichter kurzerhand Messer aus ihren Taschen und schneiden Damiens tief ins Fleisch, durchtrennen die Muskeln, damit die Tiere es leichter haben. Die Pferde ziehen mit ganzer Kraft, werfen sich ins Geschirr – dieses Mal mit Erfolg.

Ob Damiens beziehungsweise das, was von ihm übrig ist, noch lebt oder schon tot ist, darüber ist man sich nicht einig. Der Rumpf und die abgetrennten Glieder werden dennoch wie vorgesehen auf den Scheiterhaufen geworfen, vier Stunden lang lodern die Flammen.

Am nächsten Tag liegt ein Hund in der Asche. Obwohl man ihn wegjagt, kommt er immer wieder zurück, denn der Platz, an dem die Körperteile brannten, ist noch warm.[36]

Es ist Michel Foucault, der diese Szene gleich zu Beginn

seines wirkmächtigen Buches »Überwachen und Strafen« (1975) schildert. In dieser Abhandlung vollzieht der französische Historiker die große Transformation der Strafpraxis nach, wie sie sich am Ende des 18. und am Anfang des 19. Jahrhunderts in Europa ereignet. Foucault schreibt: »(B)innen weniger Jahrzehnte ist der gemarterte, zerstückelte, verstümmelte, an Gesicht oder Schulter gebrandmarkte, lebendig oder tot ausgestellte, zum Spektakel dargebotene Körper verschwunden. Verschwunden ist der Körper als Hauptzielscheibe der strafenden Repression. Am Ende des 18. Jahrhunderts, zu Beginn des 19. Jahrhunderts ist das düstere Fest der Strafe, trotz einigen großen letzten Aufflackerns, im Begriff zu erlöschen.«[37]

Tatsächlich ist Damiens einer der letzten Menschen, die durch die schrecklichen Qualen der Vierteilung sterben. Das Strafen beginnt sich ab jetzt mehr und mehr vom körperlichen Schmerz zu entkoppeln: »Die Züchtigung ist nicht mehr eine Kunst unerträglicher Empfindungen, sondern eine Ökonomie der suspendierten Rechte.«[38] Die Einführung der Guillotine während der Französischen Revolution ist, so furchtbar allein der Name heute noch anmuten mag, ein wichtiger Schritt auf diesem Weg: Der Arzt Joseph Ignace Guillotin bringt das mechanische Enthauptungsgerät aus humanistischen Gründen 1789 ins Spiel, um unter Berufung auf die frisch verkündeten Menschen- und Bürgerrechte eine möglichst schmerzfreie Tötung von Delinquenten zu ermöglichen – und zwar ganz und gar unabhängig vom jeweiligen Stand des Täters. War es bislang den Adeligen und Betuchten vorbehalten, durch das Richtschwert zu sterben, während die unteren Schichten einen weitaus schmerzhafteren Tod in Kauf nehmen mussten, soll das schnelle Ende durch die Guillotine nun allen Verbrechern zukommen. »Beinahe ohne den Körper zu berühren, löscht die Guillotine das Leben aus, so wie das Gefängnis die Freiheit nimmt oder eine Geldbuße Besitztum«[39], resümiert Foucault. Zum Einsatz kommt die Guillotine zum ersten Mal 1792 auf der Place de Grève.

Heute ist die Todesstrafe in den meisten Ländern der Erde verboten. In den USA, wo sie unter anderem noch erlaubt ist, wird bezeichnenderweise Wert darauf gelegt, das Leben so schmerzlos wie möglich zu nehmen: »Unmittelbar vor der Exekution werden Beruhigungsinjektionen verabreicht. Utopie einer schamhaften Justiz: man nimmt das Leben und vermeidet jede Empfindung; man raubt alle Rechte, ohne leiden zu machen; man erlegt Strafen auf, die von jedem Schmerz frei sind.«[40]

Doch ist für Foucault die von Schmerz freie Bestrafung – und auch der Freiheitsentzug – natürlich keinesfalls frei von Gewalt. Ja, der französische Denker sah nicht nur im Akt des Einsperrens selbst, sondern auch in den minutiösen Regulierungen eines Gefängnistages wie auch in spezifischen Raumordnungen eine Macht am Werk, die kennzeichnend für die Moderne ist und die Subjekte tief durchwirkt. Anders gesagt: Das Gefängnis steht exemplarisch für eine Gesellschaft, die von der rohen Gewalt zur feinen Disziplinierung wechselt und so die Seele bessern will. Foucault, der homosexuell war, sah in der Moderne und ihren humanwissenschaftlichen Institutionen – Schule, Krankenhaus, Psychiatrie etc. – tatsächlich eine Art gigantische Erziehungsanstalt, die Menschen gewaltsam normiert, ihnen sagt, wie sie Sex zu haben, wie sie zu leben haben.

»In der Disziplinargesellschaft spielt der Schmerz noch eine konstruktive Rolle«, schreibt der Philosoph Byung-Chul Han mit Blick auf Foucault. »Er formt den Menschen als Produktionsmittel. Er wird aber nicht mehr öffentlich zur Schau gestellt, sondern in geschlossene Disziplinarräume wie Gefängnisse, Kasernen, Anstalten, Fabriken oder Schulen verschoben. Die Disziplinargesellschaft hat grundsätzlich ein affirmatives Verhältnis zum Schmerz.«[41]

Perfide und schwer greifbar ist diese Art der Gewalt, weil sie nicht einfach unterdrückerisch, repressiv wirkt, sondern die Subjekte zuallererst hervorbringt. Wie wir begehren, was wir für gut oder schlecht halten, die Art, wie wir die Welt um uns herum wahrnehmen, entspringt nicht uns selbst, sondern ist das Resultat von Diskursen und Praktiken. Ihren Höhepunkt erreicht haben die Disziplinierungspraxen und -diskurse, wenn die Subjekte gar keinen Aufseher, keine Überwachung mehr brauchen, sondern sich selbst durch ein strenges Gewissen kontrollieren.

In der fortschrittlichen Moderne manifestiert sich der Schmerz also, so lässt sich zusammenfassen, subkutan als Disziplinierung oder gar: Drill. Womit sich allerdings auch das Phänomen Ernst Jünger und das Soldatische im Allgemeinen noch einmal von einer ganz anderen Seite her zu erschließen scheinen. Denn ist nicht gerade das Militärische die fast groteske Zuspitzung der Disziplinierungstechnik? Ist also kein archaischer Trieb, sondern vielmehr die Disziplin der Ursprung der soldatischen Existenz, deren Ideal lebensverneinender Furchtlosigkeit, so bemerkt Jünger, in der verweichlichten Zeit des Friedens verloren geht? Während ein Soldat den Leib »als Vorposten betrachtet«, der im Kampf geopfert werden kann, wird er unter dem Vorzeichen moderner Sensibilität zum Wert an sich, zum »wesentlichen Kern des Lebens selbst«: »Wir finden daher sowohl in der heroischen als auch in der kultischen Welt ein ganz anderes Verhältnis zum

Schmerz als in der Welt der Empfindsamkeit. Während es dort nämlich (...) darauf ankommt, den Schmerz abzudrängen und das Leben von ihm abzuschließen, gilt es hier, ihn einzuschließen und das Leben so einzurichten, daß es jederzeit auf die Begegnung mit ihm gerüstet sei.«[42]

Müssen also Jüngers Schriften ganz grundsätzlich anders gelesen werden, als wir es bisher hier getan haben – nämlich weniger als Beweis des archaischen Lebenstriebs, sondern vielmehr als disziplinarische »Verhaltenslehren der Kälte«?

KALTE PERSONA UND ICH-PANZER

Der Kulturwissenschaftler Helmut Lethen hat mit ebendieser Formel die kriegsmobilisierenden Handlungsideale der Zwischenkriegsjahre auf den Punkt gebracht. Distanz und Disziplin sind die entscheidenden Stichworte, die die »Lebensversuche zwischen den Kriegen« Lethen zufolge kennzeichnen. »Es wird nicht überraschen«, so der Kulturwissenschaftler, »daß Jüngers Zeitdiagnose von der Verhaltenslehre der kalten persona gesteuert wird. Deren Grundsatz lautet: Wer Macht ausüben will, muß sein Gegenüber aus seiner organisch-moralischen Größe in ein physikalisches Objekt der Wahrnehmung verwandeln.« Der damit verbundene Imperativ lautet: »Lerne die Disziplin als adäquate Form zu akzeptieren, die die Gegenwart des Schmerzes aus dem Bewußtsein entfernt. Dann wird es dir gelingen, ein ›kälteres Bewußtsein‹ zu entwickeln, das es dir ermöglicht, dich selbst als Objekt wahrzunehmen.«[43]

In seinem Buch geht Lethen dieser Kältelehre ideengeschichtlich auf den Grund und entdeckt ein zwischen den Kriegen aufkeimendes, spezifisch deutsches Interesse am

Adelsethos des 17. Jahrhunderts. Prominent benannt und ausformuliert habe dieses Interesse in den 1920er und 1930er Jahren der Soziologe Helmuth Plessner in seinen Büchern »Grenzen der Gemeinschaft« (1924) und »Die verspätete Nation« (1935): Es gebe für Deutschland, so fasst Lethen Plessners Beobachtung zusammen, einen gewissen Nachholbedarf, weil »der entscheidende adelig-bürgerliche Zivilisationsschub der Frühen Neuzeit in Deutschland in eine Epoche konfessioneller Kriege und wirtschaftlichen Niedergangs gefallen sei«[44].

Mit anderen Worten: Die Kultur des Höfischen, die Kunst der Maskerade und der Verstellung, fehlt den deutschen Authentizitätsfanatikern, die sich unentwegt ihrer Wurzeln vergewissern und das gemeinschaftliche Zusammenrücken als Errungenschaft feiern. Plessner geht davon aus, dass der Mensch die Künstlichkeit des Umgangs, die öffentliche Bühne der Gesellschaft braucht.

In dem spanischen Jesuiten Baltasar Gracián (1601–1658) und den Sinnsprüchen seines »Handorakels« entdeckt Lethen einen entscheidenden neuzeitlichen Bezugspunkt für diese Distanzierungskunst. »*Nie aus der Fassung geraten*«, heißt es etwa in Sinnspruch 52: »Die Affekte sind die krankhaften Säfte der Seele, und an jedem Übermaß derselben erkrankt die Klugheit, steigt gar das Übel bis zum Mund hinaus, so läuft die Ehre Gefahr.«[45]

Muss also jemand wie Jünger in seiner Empfindsamkeitsverachtung nicht vielmehr in diese von Helmut Lethen benannte Traditionslinie gestellt werden? Liegt mithin nicht im Archaischen, sondern vielmehr in der Affektkontrolle der Schlüssel zum Verständnis des jüngerschen Denkens wie Handelns?

»Als Disziplin bezeichnen wir die Form, durch die der Mensch die Berührung mit dem Schmerze aufrechterhält«, schreibt Jünger selbst. »Es kann daher nicht wundernehmen, daß man in dieser Zeit wieder häufiger auf Gesichter stößt, wie sie noch vor kurzem nur innerhalb der letzten Inseln der ständischen Ordnungen, vor allem in der preußischen Armee (...), anzutreffen waren. Was man in der liberalen Welt unter dem ›guten‹ Gesicht verstand, war eigentlich das feine Gesicht, nervös, beweglich, veränderlich und geöffnet den verschiedenartigsten Einflüssen und Anregungen. Das disziplinierte Gesicht dagegen ist geschlossen; es besitzt einen festen Blickpunkt und ist einseitig, gegenständlich und starr. Bei jeder Art von gerichteter Ausbildung bemerkt man bald, wie sich der Eingriff fester und unpersönlicher Regeln und Vorschriften in der Härtung des Gesichtes niederschlägt.«[46]

Diese durch Disziplinierung und Triebunterdrückung bedingte Härte beschreibt der Psychoanalytiker Wilhelm Reich 1933 in seiner »Charakteranalyse« als »Panzer«. Die charakterliche Panzerung, so Reich, diene als Schutz gegen die Reize der Außenwelt und dränge gleichzeitig die gesellschaftlich sanktionierten Triebregungen im Inneren zurück. Das gepanzerte Ich entstehe so aus dem Konflikt »zwischen Trieb (...) und Strafangst«, schreibt Reich. »Das Ich, der exponierte Teil der Person, verhärtet sich (...). Es ist, als ob an ihrer herangebildeten harten Schale sich sowohl die Stöße der Außenwelt als auch die Anforderungen der inneren Bedürfnisse abflachen und abschwächen würden.«[47] Was Reichs Bild des Panzers beschreibt, ist eine extrem selbstbeherrschte, starre und tendenziell neurotische Persönlichkeit, die ungeheure Energie aufwenden muss, um der kulturellen Anforderung der Triebunterdrückung zu gehorchen.

Allein, man muss genauer hinsehen. Natur versus Künstlichkeit, urmenschliche Brutalität versus militärischer Drill:

So wenig wie Jünger selbst erkennt auch die Psychoanalyse hier einen unvereinbaren Gegensatz. Das, was wir Ich nennen, bildet sich durch die unausgesetzte Wechselwirkung von Triebleben und den Gesetzen der Außenwelt heraus – was bedeutet, dass, je strenger und feiner die Gesetze sind, sich entsprechend auch der »seelische Apparat« verändert: Er wird komplexer und gleichzeitig sensibler für Außeneinwirkungen, die er in sich aufnimmt oder auch, aus Schutz vor Überlastung, abzuwehren versucht.

WAS IST EIN OPFER?

Doch diese Abwehr gelingt nicht immer. Ist der Einbruch zu hart, nimmt die Seele schweren Schaden. Aber wie genau muss man sich diesen zerstörerischen Vorgang vorstellen? Was macht ein Ereignis zu einem Trauma? Wie hat sich das Konzept historisch verändert – und mit ihm auch der Begriff des Opfers? Fragen, die in einen weiteren, hochumstrittenen Komplex hineinführen. So widmete sich Freud in einem späteren Aufsatz eingehend dem Phänomen traumatischer Erfahrungen – und es ist bezeichnend, dass er gerade nicht wie Wilhelm Reich von einem soldatisch anerzogenen, undurchdringlichen seelischen »Panzer« spricht, der Innen und Außen klar trennen soll. Das Bild, das Freud für die menschliche Seele findet, ist eines, das Vulnerabilität und Empfindlichkeit in den Vordergrund rückt; jedoch ohne die Abwehrkraft preiszugeben.

V: TRAUMA UND TRIGGER

DER ORGANISMUS ALS BLÄSCHEN

»Stellen wir uns den lebenden Organismus in seiner größtmöglichen Vereinfachung als undifferenziertes Bläschen reiz-
barer Substanz vor«: So schreibt Freud im Jahr 1920 in seinem
Aufsatz »Jenseits des Lustprinzips«, um die Funktionsweise des
seelischen Apparats zu illustrieren.[1] Der Anlass, der Freud zu
diesem Bild des reizbaren Bläschens führt, ist der »schreckliche, eben jetzt abgelaufene Krieg«[2], der einen massenhaft ver-
breiteten Krankheitszustand mit dem Namen »traumatische
Neurose« verursacht habe. Traumatische Neurosen treten nach
»schweren mechanischen Erschütterungen, Eisenbahnzusam-
menstößen und anderen mit Lebensgefahr verbundenen Un-
fällen«[3] auf; die Folge sei eine allgemeine »Schwächung und
Zerrüttung der seelischen Leistungen«[4]. Das Besondere bei
den »Kriegsneurosen« sei, dass das dazugehörige Krankheitsbild mitunter »ohne Mithilfe einer groben mechanischen Gewalt zustande kam«[5]. Sprich: Die schwere Erschütterung des
seelischen Apparats ist im Fall des Kriegstraumas oft anderer,
nichtmechanischer Natur. Genau diese Art der Erschütterung
nun versucht Freud anhand des Bläschens zu erläutern.

Unter normalen Umständen sei das Bläschen durch eine
»Rinde« geschützt, die äußere Reize dämpfe und filtere, sodass
sein Inneres sicher bleibt. Diese Rinde selbst bilde sich durch
»unausgesetzten Anprall der äußeren Reize an die Oberfläche

des Bläschens«[6] heraus, wodurch sie ihre schützende Gestalt gewinnt. In Freuds Worten: Das »lebende(...) Bläschen« bekommt seinen »*Reizschutz*« dadurch, »daß seine äußerste Oberfläche die dem Lebenden zukommende Struktur aufgibt, gewissermaßen anorganisch wird und nun als eine besondere Hülle oder Membran reizabhaltend wirkt, das heißt veranlaßt, daß diese Energien der Außenwelt sich nun mit einem Bruchteil ihrer Intensität auf die nächsten, lebend gebliebenen Schichten fortsetzen können«[7]. Freud spricht diesem Reizschutz eine »beinahe wichtigere Aufgabe« zu als der Reizaufnahme: Übergroße, von außen eindringende Energiemengen können das Bläschen nämlich nachhaltig zerstören. »Solche Erregungen von außen, die stark genug sind, den Reizschutz zu durchbrechen, heißen wir *traumatische*.«[8]

Der lebende Organismus: ein sensibles Bläschen mit einer feinen Membran als Außenhülle. Die biologische Zellmembranforschung seiner Zeit offenkundig aufnehmend, überträgt Freud sie sinnbildlich aufs Psychische. Die Membran schützt dabei nicht nur, sondern sie ist gleichzeitig jene sensible Oberfläche, die den Organismus mit der Außenwelt verbindet, ausgesuchte Reize durchlässt und das Innere auf diese Weise strukturiert, gestaltet. So stünden bei »hochentwickelten Organismen« an der Körperoberfläche »die Sinnesorgane« in der Funktion des Reizschutzes: »Es ist für sie charakteristisch, daß sie nur sehr geringe Quantitäten des äußeren Reizes verarbeiten, sie nehmen nur Stichproben der Außenwelt vor; vielleicht darf man sie Fühlern vergleichen, die sich an die Außenwelt herantasten und dann immer wieder von ihr zurückziehen.«[9] Unüberhörbar schwingt hier Georg Simmels Beobachtung mit, dass der Mensch sich gegen die »Reizüberflutung« moderner Großstädte nur durch »Blasiertheit« schützen könne; auch das in jüngster Zeit viel beachtete und der Blasiertheit gerade entgegengesetzte Phänomen der Hypersensibilität klingt an (vgl. Kapitel VIII). Vorerst soll an dieser Stelle aber auf etwas anderes abgehoben werden.

OPFER: VOM ZÄHLEN ZUM ERZÄHLEN

Das verletzliche »Bläschen« nämlich steht gleichzeitig für einen historischen Wandel. Ab just jenem Jahr, in dem Freud »Jenseits des Lustprinzips« publiziert (1920), zählen auch Kriegsversehrte erstmals als »Kriegsopfer«.[10] Opfer ist somit nicht mehr nur, wer tot auf dem Schlachtfeld liegt. Opfer ist von nun an auch, wer den Krieg mit schwersten körperlichen oder eben auch seelischen Folgen übersteht. Verbunden ist mit dieser gewandelten Wahrnehmung von Gewalt eine bedeutsame Verschiebung: nämlich vom Zählen zum Erzählen. Opfer ist nicht länger ausschließlich der leblose Körper, der im Dienste der Kriegsstatistik *gezählt* wird,[11] sondern das *Erzählen* des Opfers – von Erlebnissen, Erschütterungen, Träumen – wird im Laufe des 20. Jahrhunderts immer mehr zu seinem Wesenskern. Freuds psychoanalytische Methode hat ohne Zweifel zu diesem Shift von der Zahl zur Erzählung beigetragen, ja kann regelrecht als paradigmatisch gelten für die Aufwertung des Sprechens und der Sprache in Bezug auf erfahrenes Leid: Einem Menschen wurde Gewalt zugefügt. Er ist das Opfer einer Tat geworden, die ihn schwer schädigte, vielleicht sogar fast getötet hätte. Es braucht mitunter lange, bis ein Mensch begreift, was ihm widerfahren ist. Doch: Er hat überlebt. Etwas in ihm hat ihn nicht sterben lassen. Diese aus der Todesangst geborene Kraft entbindet sich unbewusst im

Moment der Gewalt. Sie entspringt ebenjenem unbändigen, urgeschichtlichen, unbewussten Lebensdrang, von dem im letzten Kapitel die Rede war. Ein Antrieb, der den Menschen über sich hinaushebt, ohne dass er selbst sich intentional dazu entschließen könnte. Seiner Aktivität wohnt somit eine pathische Dimension inne: Sie geschieht dem Subjekt vom Triebgrund her. Diese Kraft ist es, die das Opfer im entscheidenden Moment gerettet hat und jetzt gegen den traumatischen Einbruch in Stellung gebracht werden kann, so sie den Weg ins Bewusstsein findet.

Genau hierin liegt der Kern der psychoanalytischen Traumaarbeit: an die Triebkraft anknüpfen, die akut, im Augenblick der Gewalt, zum Tragen kam und den realen oder den psychischen Tod verhindern konnte, um dann im Prozess der Durcharbeitung alle Kräfte aufbringen zu können, die lebensbedrohliche, existenzielle Krise zu bewältigen, gar gestärkt aus ihr hervorzugehen.

Nun war dieser Wandel vom Zählen zum Erzählen – und vielleicht ist er es sogar bis heute – aus unterschiedlichen Gründen nicht unproblematisch. In ihrem Buch »Opfer« beschreibt die Historikerin Svenja Goltermann, wie schambesetzt die Opferposition insbesondere zu Freuds Zeiten noch war.[12] In der Tat landete bekanntermaßen nur ein verschwindender Bruchteil der Gesellschaft in einer psychoanalytischen Praxis; auch die Kriegsrückkehrer des Zweiten Weltkriegs, von den Überlebenden des Holocaust ganz zu schweigen, behielten ihre schrecklichen Erlebnisse meist für sich. Mehr oder weniger diffus, so Goltermann, habe die Gesellschaft den Betroffenen lange eine Mitschuld am Erlittenen zugeschrieben: Wer über bestimmte Erlebnisse nicht hinwegkam, galt schlicht als zu weich, habe sich womöglich sogar durch eigene Schuld in die missliche Situation gebracht.

Auch die Neurosenlehre zählt Goltermann im weitesten Sinne zu dieser Logik – beziehe diese doch, wie die Historikerin hervorhebt, in ihre Analyse die »Persönlichkeit« mit ein, die, so sie überlebt hat, auf verschiedene Weise mit der Gewalterfahrung umgehen kann: »Der Betreffende hatte demnach aufgrund seiner ›Persönlichkeit‹ das Erlebnis ›abnorm‹ verarbeitet, vielleicht auch noch ›Wunsch- oder Begehrensvorstellungen‹ entwickelt. Die Persönlichkeit selbst trieb also die psychische Störung an.«[13]

Goltermann erwähnt Freud nicht namentlich, doch liegt nahe, dass sie sich auch auf ihn bezieht. In der Tat lässt Freud die »Persönlichkeit« nicht außen vor. Es geht bei Freud nie nur um äußere Vorkommnisse, sondern immer auch um die Psychologik des Individuums. So auch in »Jenseits des Lustprinzips«, wenn er ausführt, dass die Reize, mit denen das »Bläschen« konfrontiert wird, keineswegs nur von außen kommen, sondern auch aus seinem Inneren: »Diese empfindliche Rindenschicht, das spätere System Bw (Bewusstsein; SF), empfängt aber auch Erregungen von innen her; die Stellung des Systems zwischen außen und innen und die Verschiedenheit der Bedingungen für die Einwirkung von der einen und der anderen Seite werden maßgebend für die Leistung des Systems und des ganzen seelischen Apparates.«[14] Diese Erregungen von innen her sind Triebregungen, die, wenn sie unbewusst sind, das System empfindlich stören, ja gar selbst die Kraft eines Traumas entwickeln können. Denn »nach innen zu ist der Reizschutz unmöglich, die Erregungen der tieferen Schichten setzen sich direkt und in unverringertem Maße auf das System fort«[15], woraus sich, so Freud, unter anderem auch die »Neigung« ergebe, unlustvolle Regungen »so zu behandeln, als ob sie nicht von innen, sondern von außen her einwirkten, um die Abwehrmittel des Reizschutzes gegen sie in Anwendung bringen zu können. Dies ist die Herkunft der *Projektion*, der eine so große Rolle bei der Verursachung pathologischer Prozesse vorbehalten ist.«[16] Projektion im psychoanalytischen Sinn meint: Man wirft etwas nach außen, schreibt anderen Personen zu, »was in sich selbst zu erkennen oder selbst zu sein man sich weigert«[17].

Im Fall einer von außen andringenden, traumatischen »Überschwemmung« von Reizen ist es nun, folgt man Freud, nicht unwesentlich, wie der seelische Apparat in seinem Inneren aufgestellt ist. Gelingt es ihm, innere Regungen zu »besetzen« und zu »binden«, wird er auch äußere Ereignisse anders verarbeiten: »Je höher die eigene ruhende Besetzung ist, desto größer wäre auch ihre bindende Kraft; umgekehrt also, je niedriger seine Besetzung ist, desto weniger wird das System für die Aufnahme zuströmender Energie befähigt sein, desto gewaltsamer müssen dann die Folgen eines solchen Durchbruches des Reizschutzes sein.«[18]

Indem Freud durch die Analyse die Abwehrkräfte des Opfers zu mobilisieren hofft, stellt er sich, auch wenn der Begriff damals noch nicht geläufig war, klar hinter das Konzept der Resilienz. So ohnmächtig ein Mensch in einer traumatischen Situation ist (und dass er es ist, daran lässt Freud keinen Zweifel): Er trägt über die Triebkraft einen unbewussten Lebenswillen in sich, der, hat er den Weg ins Bewusstsein gefunden, produktiv gegen den traumatischen Einbruch gewendet werden kann. Das ist nicht leicht, immerhin ist der Trieb unter den Bedingungen der Kultur selbst schambesetzt, erhebt er sich doch über Gut und Böse. Deshalb gilt es, ihn von Scham zu befreien, um den Weg aus der fremdverschuldeten Ohnmacht zu finden.

VOM TRIEB ZUM TRIGGER: DIE POST-TRAUMATISCHE BELASTUNGSSTÖRUNG

Betrachtet man nun vor diesem Hintergrund die Fortentwicklung des Traumabegriffs, zeigt sich, dass es seit den 1970er und 1980er Jahren ein tiefes Interesse gibt, den Fokus vom Individuum weg und stattdessen auf die äußeren Umstände zu richten. Maßgeblich infolge des Vietnamkrieges, so zeichnet Svenja Goltermann diese Entwicklung nach, tritt das Konzept der »posttraumatischen Belastungsstörung« auf den Plan und drängt die persönliche Konstitution – oder man könnte auch sagen: das freudsche Innere des Bläschens – aus dem Blickfeld. Wichtig ist von nun an einzig das traumatische Ereignis selbst – und nicht eine wie auch immer geartete Psycho-Logik.[19] So begann man, den Menschen in seiner Belastungsgrenze mehr oder weniger maschinell zu denken: Die Grenze ist, ähnlich wie bei einer Maschine, objektiv bestimmbar. Durch dieses neue, postpsychoanalytische Traumaverständnis, so Svenja Goltermann, wurde ein regelrechter »Gezeitenwechsel«[20] verursacht: »Die entscheidende Annahme lautete, dass nahezu jedes Individuum, das ein solches Ereignis erlebte, einige der charakteristischen Belastungssymptome entwickeln würde.«[21]

1980 streicht die Amerikanische Psychiatrische Gesellschaft (APA), der global einflussreichste Verbund von Psychiatern, die Neurose aus dem Klassifikationssystem psychiatrischer Krankheiten, dem sogenannten Diagnostic and Statistical Manual of Mental Disorders, kurz DSM. In seinem Buch »Shyness« bezeichnet der Medizinhistoriker Christopher Lane den DSM als »Bibel der Psychiatrie«, die das Verständnis von Krankheit weltweit fundamental präge und gleichzeitig die Macht der Pharmaindustrie nachhaltig ausgebaut habe.[22] Während die Neurose an die Persönlichkeit und die individuelle Geschichte geknüpft ist, werden psychische Störungen durch den Einfluss der antifreudianisch ausgerichteten APA zunehmend medikamentös behandelt.

Nun zeigte sich allerdings recht schnell nach der Veröffentlichung der dritten Fassung des DSM aus dem Jahr 1980, dass die zentrale Annahme so nicht haltbar war: Nicht alle Menschen reagieren auf bestimmte Ereignisse in derselben Weise. Es gibt mithin, so musste man feststellen, durchaus Dispositionen. Diese Einschränkung wurde in einer überarbeiteten Fassung des DSM gewissermaßen kompensiert, indem man die Symptome für eine posttraumatische Belastungsstörung viel weiter fasste. Im DSM IV von 1994 tauchen entsprechend als Auslöser für eine posttraumatische Belastungsstörung nicht mehr nur außergewöhnliche Ereignisse wie Krieg oder der Tod eines nahen Verwandten auf, sondern allgemeiner Ereignisse, die die psychische Integrität verletzen.[23]

Was aber verletzt die psychische Integrität? Eine Vergewaltigung oder eine Berührung am Knie? Als Kriterium hierfür, so Goltermann, habe man ein »subjektives Element« in den Traumabegriff aufgenommen: »Die Person musste als Reaktion auf das Ereignis ›intensive Angst, Hilflosigkeit oder Entsetzen‹ verspürt haben. Was als ›traumatisches Ereignis‹ deklariert werden konnte, war damit individuellen Zuschreibungsprozessen zugänglich geworden.«[24]

Die Auswirkungen dieses erweiterten, nahezu grenzenlosen Traumabegriffs sind heute deutlich zu beobachten. Von etwas »traumatisiert zu sein« wird nachgerade zu einer alltäglichen Erfahrung. Filme, Romane, einzelne Wörter: Nahezu alles kann traumatisieren beziehungsweise retraumatisieren. Wirkliche, schwere Traumata werden durch die inflationäre Verwendung des Begriffs nolens volens bagatellisiert.

Die Zweischneidigkeit dieser Entwicklung liegt auch für Svenja Goltermann auf der Hand: Auf der einen Seite bekamen Opfer eine Stimme, ihr Leid wurde anerkannt und öffentlich thematisiert. Auf der anderen Seite aber wurde durch die zunehmende Subjektivierung der Krankheit immer unklarer, was genau ein Opfer eigentlich ist. Wenn letztlich die individuelle Wahrnehmung darüber entscheidet, was als Trauma klassifiziert wird: Wie wäre dann die Gefahr zu vermeiden, dass die Diagnose etwa vor Gericht missbraucht wird?[25] Darüber hinaus, betont Goltermann, ermöglicht die Konjunktur des Traumabegriffs nicht nur eine Narration des Leids, sie blockiert auch Geschichten: Sträflich vereinfachend werde das Konzept »Trauma« auf vergangene Phänomene angewandt, die eine viel eingehendere Analyse verdient hätten.[26] Zudem sei es regelrecht verführerisch, die eigene Geschichte als reine Opfergeschichte zu erzählen. Wer Opfer ist, ist unschuldig und kann auch finanzielle Ansprüche geltend machen: »Es ist die Rationalität des westlichen Entschädigungsdiskurses, die es unverzichtbar macht, sich bei geltend gemachten Entschädigungsansprüchen als Opfer und nur als Opfer zu bezeichnen.«[27]

Entscheidend aber ist für das Verständnis unserer Zeit vor allem dieser Punkt: Gegenwartsphänomene wie die Triggerwarnung weisen darauf hin, dass im Fokus des Interesses –

anders als noch bei Freud – immer weniger die eigenen psychischen Widerstandskräfte zu stehen scheinen, sondern vielmehr die Frage, wie das Bläschen *von außen* geschützt werden kann. Es zu schützen heißt, äußere Gefahren am besten nahezu vollständig abzuwenden respektive rechtzeitig auf sie hinzuweisen.

»Trigger« meint zu Deutsch: Auslöser. Gemeint ist damit im psychologischen Zusammenhang, wenn ein Mensch durch spezielle Vorkommnisse auf ein Trauma zurückgeworfen wird. Ein Trigger kann alles Mögliche sein, vom Silvesterknaller, der an den Krieg gemahnt, bis hin zu erotischen Gedichten, die eine Vergewaltigung oder sexuelle Belästigung psychisch reaktivieren. Triggerwarnungen sollen ein retraumatisierendes Wiedererinnern verhindern, indem sie rechtzeitig über bestimmte Darstellungsformen informieren und so dem Betreffenden die Möglichkeit geben, von der Rezeption eines Buches oder eines Films abzusehen.

ALGOPHOBIE?

Es ist, zugegeben, verführerisch, an dieser Stelle zu einer allumfassenden Gegenwartskritik auszuholen. So wie etwa der Philosoph Byung-Chul Han, der in seinem Buch »Palliativgesellschaft« der heutigen Welt eine »Algophobie«, eine »generalisierte Angst vor Schmerzen« attestiert: »Jeder schmerzhafte Zustand wird vermieden. (…) Konflikten und Kontroversen, die zu schmerzhaften Auseinandersetzungen führen könnten, wird immer weniger Raum gegeben.«[28] Je größer die Angst vor dem Schmerz, je bequemer und sicherer man es sich einrichte in der Welt, desto mehr fokussiere sich die Wahrnehmung auf jede kleinste Kleinigkeit, die Unwohlsein hervorbringen könnte, meint auch der Philosoph Norbert Bolz: »Nichts ist ungefährlich. Dieser Angstbereitschaft entsprechen in der Regel gar keine realen Gefahren – im Gegenteil. Wir haben es mit der paradoxen Situation zu tun, dass die Menschen, je sicherer sie leben, desto ängstlicher auf Restrisiken reagieren. Die massenmediale Überbetonung minimaler Risiken führt also zu dem, was der Philosoph Odo Marquard einmal Prinzessin-auf-der-Erbse-Syndrom genannt hat: je weniger Gefahren, desto mehr Befürchtungen.«[29] Und an anderer Stelle: »Hypersensibilität bedeutet, dass man immer mehr leidet, obwohl man weniger Grund dazu hat.«[30] Aus dieser Perspektive ließe sich etwa sagen: Wenn gerade sonst nichts anliegt, beschäftigt man sich eben mit völlig nichtigen Sprachproblemen.

An dieser Stelle jedoch regt sich, und bis zu einem bestimmten Punkt auch zu Recht, Kritik. Um bei der Sprache zu bleiben: Immerhin leben wir in einer Zeit massiver Hassrede, die durch die Digitalität maßgeblich befeuert wird und der nicht selten reale Gewalt folgt. Man denke an die aufstachelnden Tweets des letzten amerikanischen Präsidenten und den Sturm aufs Kapitol im Januar 2021. Man denke an die NSU-Morde, an den per Kopfschuss getöteten Walter Lübcke. Die Grünen-Politikerin Renate Künast, die selbst im Netz als »Stück Scheiße« bezeichnet wurde und sich wie viele ihrer Kolleginnen mit extremster Misogynie konfrontiert sieht, erkennt in Hate Speech eine »Zersetzungsstrategie der Demokratie«[31].

Womit die Frage aufgeworfen wäre, wo Hassrede beginnt. Fängt Rassismus damit an, dass man das ›N-Wort‹ als Zitat gebraucht? Und Sexismus mit der Verwendung des generischen

Maskulinums? Das nächste Kapitel geht diesen Annahmen auf den Grund und beschäftigt sich mit dem Glutkern gegenwärtiger Konflikte: der von ihren Gegnern sogenannten *political correctness.*

VI: SPRACHSENSIBILITÄT

REALITÄTSEFFEKTE

Die heutige Sprachsensibilität lässt sich am Grad ihrer Normierung ermessen. Gendergerechtes Sprechen ist in zahlreichen Institutionen inzwischen die Regel. Insbesondere an Universitäten wird um gendersensible Wortwahl eindringlich gebeten. Hier ein Auszug aus dem Leitfaden der Universität Regensburg: »Gendergerechte Sprache und gendergerechtes Formulieren bedeutet, alle in der Sprache sichtbar und hörbar zu machen und bei Formulierungen, die sich auf Personen beziehen, Frauen, Männer und Personen des dritten Geschlechts (Diverse) gleichermaßen zu nennen.«[1]

Im September 2020 erließ der Berliner Senat einen Leitfaden für diversitysensibles Sprechen. Anstatt »Ausländer« solle fortan »Einwohnende ohne deutsche Staatsbürgerschaft« gesagt werden. Das Wort »Schwarzfahrer« müsse ebenfalls vermieden und durch »Fahrende ohne gültigen Fahrschein« ersetzt werden.[2]

Wie aber ist überhaupt zu erklären, dass sprachlichen Zeichen, die doch in sich selbst keinerlei Materialität besitzen, heute eine solche Bedeutung beigemessen wird? Für das Verständnis der gegenwärtigen Debatten ist es notwendig, die sprachphilosophischen Wurzeln der neuen Feinfühligkeit genauer zu beleuchten: Auf welcher Theoriebildung gründet die heutige Sprachsensibilität, auf was für Denkschulen beruft sie sich? Und, so wäre in einem nächsten Schritt zu fragen: Lassen diese Theorien wirklich genau die Schlüsse zu, die sich in gender- und diversitysensiblen Leitfäden wiederfinden?

Fundamental für das Verständnis der Gegenwart ist, wissenschaftshistorisch gesehen, der sogenannte *linguistic turn*, zu Deutsch die »linguistische Wende«. Gemeint sind damit sprachwissenschaftliche und -philosophische Ansätze, die bis in die Anfänge des 20. Jahrhunderts zurückreichen und sprachlichen Zeichen Realitätseffekte zuschreiben: Sprache greift nicht einfach auf Wirklichkeit zu, sondern sie schafft Wirklichkeit. In gewisser Weise kann bereits die Aufwertung des Erzählens, wie sie im letzten Kapitel anhand von Freuds *talking cure* entwickelt wurde, als Wende in diesem Sinn bezeichnet werden: Wörter haben aus psychoanalytischer Perspektive immerhin sichtbares Heilungspotenzial. Umgekehrt können sie auch, so offenbart sich an konkreten psychosomatischen Leiden, wie ein ›Schlag ins Gesicht‹ wirken.

Der eigentliche Wegbereiter der linguistischen Wende aber war ein Zeitgenosse Freuds: der Schweizer Sprachwissenschaftler Ferdinand de Saussure (1857–1913). In seiner posthum veröffentlichten, wirkmächtigen Schrift »Grundfragen der allgemeinen Sprachwissenschaft« (1916) entwickelte er den Gedanken, dass sprachliche Zeichen die Welt nicht einfach repräsentieren, sondern Sprache vielmehr ein ganz eigenes System ist, das Bedeutungen aus sich selbst hervorbringt. Anders gesagt: Sprachliche Zeichen benennen nicht einfach Sachen, wie sie nun einmal vorkommen in der Welt.

Ein konkretes Beispiel: Bei dem Wort ›Tisch‹ entsteht im Kopf sofort die Vorstellung des entsprechenden Gegenstands. Doch ist diese Koppelung von Zeichen und Vorstellung Saussure zufolge willkürlich. Bevor diese beiden Größen (Lautbild und Vorstellung oder, wie Saussure auch sagt, Signifikant und Signifikat) in einem Zeichen aufeinandertreffen, sind sie gestaltlos und unbestimmt. So vergleicht Saussure unsere Vorstellungen mit »einer Nebelwolke, in der nichts notwendigerweise begrenzt ist«[3]. Und auch die lautliche Masse ist lediglich »ein plastischer Stoff, der seinerseits in gesonderte Teile zerlegt wird, um Bezeichnungen zu liefern, welche das Denken nötig hat«[4]. So betrachtet ermöglicht Sprache, indem sie die undefinierte Masse strukturiert, überhaupt erst unser Denken.

Die Struktur der Sprache selbst aber ergibt sich dabei eben gerade nicht aus der vorsprachlich existenten Welt, sondern die Bedeutung eines Zeichens resultiert aus der Abgrenzung zu anderen Zeichen innerhalb des Systems. In Saussures eigenen Worten: »Alles Vorausgehende läuft darauf hinaus, daß es in der Sprache nur Verschiedenheiten gibt. Mehr noch: eine Verschiedenheit ohne positive Einzelglieder. Ob man Bezeichnetes oder Bezeichnendes nimmt, die Sprache enthält weder Vorstellung noch Laute, die gegenüber dem sprachlichen System präexistent wären, sondern nur begriffliche und lautliche Verschiedenheiten, die sich aus dem System ergeben. Was ein Zeichen an Vorstellung oder Lautmaterial enthält, ist weniger wichtig als das, was in Gestalt der anderen Zeichen um dieses herumgelagert ist.«[5]

Für Saussure besteht die sprachliche Struktur nun maßgeblich aus Gegensätzen, zum Beispiel: ›Mann‹ – ›Frau‹, ›schwarz‹ – ›weiß‹, ›oben‹ – ›unten‹, ›schön‹ – ›hässlich‹. Was das sprachliche Zeichen ›Frau‹ meint, ergibt sich aus der Abgrenzung zu ›Mann‹ genauso, wie ›weiß‹ aus der Differenz zu ›schwarz‹ resultiert. Man hört sogleich, dass diese Oppositionen eine Wertigkeit in sich tragen, also hierarchisch angelegt sind und als solche unsere Wahrnehmung von Welt maßgeblich prägen.

Wenn aber nichts Außersprachliches eine solche Struktur vorgibt, wie Saussure selbst sagt, was hält sie dann stabil? Was zwingt uns, die Wörter immer in derselben Weise zu gebrauchen und im Grunde auch die Wahrnehmung von Welt festzuschreiben? Nun, so lautet die Erklärung des Sprachwissenschaftlers: Nichts als die reine Konvention zwingt uns dazu. Und, damit zusammenhängend, die Gewohnheit. Heißt das: Wenn wir Zeichen anders gebrauchen, verändert sich auch unsere Wahrnehmung, ja die Welt als solche?

DERRIDA UND BUTLER:
SPIEL ALS WIDERSTAND

Genau hier liegt nun der Einsatzpunkt des sogenannten Poststrukturalismus, der den Strukturalismus Saussures kritisiert und überbieten will. Ein wichtiger Vertreter dieser Theoriebildung ist der französische Philosoph Jacques Derrida. Sein Ziel ist es, die fixe Struktur der Sprache zu dekonstruieren, das heißt aufzulösen und neu zu denken, indem er genau dort ansetzt, wo eine Struktur für Saussure überhaupt erst zu einer Struktur wird: nämlich durch ihre konventionell bedingte, immergleiche Wiederholung. Die Differenzen innerhalb der Sprache, so formuliert es Derrida selbst, »sind nicht in fertigem Zustand vom Himmel gefallen, sie sind ebensowenig in einen *topos noetos* eingeschrieben noch in der Wachstafel des Gehirns vorgezeichnet«[6].

Wenn sich die Bedeutung der Zeichen erst durch die Abgrenzung von anderen Zeichen ergibt, wenn nichts als die immergleiche Wiederholung den Anschein einer festen sprachlichen Struktur suggeriert, dann lässt sich die Bedeutung, folgert Derrida, durch einen anderen Gebrauch von Zeichen offenbar verschieben. Wichtig ist für Derrida in diesem Zusammenhang der zeitliche Abstand, der das sprachliche Zeichen von sich selbst trennt. Denn wenn es seine Bedeutung erst über den Umweg der Unterscheidung von anderen Zeichen gewinnt, dann ist es nicht mit sich selbst identisch, also fest, sondern offen für Neueinschreibungen und ein freies Spiel der Zeichen: »Das Spiel ist das Zerreißen der Präsenz.«[7]

Was aber heißt das nun konkret? Wie kann Sprache, wenn man diese Erkenntnisse berücksichtigt, Welt verändern? Es ist die US-amerikanische Philosophin Judith Butler, die Derridas dekonstruktive Zeichentheorie Ende der 1980er Jahre nachgerade revolutionär auf die Geschlechterfrage überträgt und die damit zur Galionsfigur eines ganz neuen Feminismus wird. »Mann« und »Frau«, so ihre bahnbrechende These in dem Buch »Das Unbehagen der Geschlechter«, erscheinen so lange als natürlich verankerte, unverrückbare begriffliche Seinsbestimmungen, wie sie immer auf die gleiche Weise wiederholt und als Norm zitiert werden. Anders gesagt: Der sprachliche Akt immergleicher Bezeichnung erweckt lediglich den Anschein, als gebe es von Natur aus zwei fixe Geschlechtsidentitäten mit heterosexuellem Begehren. In Wahrheit, so Judith Butler, sind diese Identitäten der nachträgliche Effekt eines bestimmten Gebrauchs von Sprache, der andere Seinsmöglichkeiten von vornherein ausschließt. Mit anderen Worten: Geschlechter sind nicht natürlich, sondern »performativ«[8].

Der Begriff der Performativität ist für den Poststrukturalismus zentral. Er geht auf die Linguisten John L. Austin und John Searle zurück und meint im Kern: Mit einem Sprechakt wird nicht einfach etwas benannt, sondern vielmehr eine Handlung vollzogen. An Sätzen wie »Hiermit taufe ich dich auf den Namen ...« wird die performative Kraft von Sprache sofort deutlich: Die Taufe selbst ist mit dem Akt des Sprechens unauflöslich verbunden. Für Butler (wie auch für Derrida) jedoch gilt diese sprachliche Handlungskraft generell und eben auch für Aussagen wie die einer Hebamme nach der Geburt: »Es ist ein Mädchen.« Ein solcher Satz konstatiert nicht einfach einen außersprachlichen Tatbestand, er *tut* etwas. Er ordnet einen Körper in eine Kategorie ein, ja macht ihn auf diese Weise überhaupt erst vorstellbar. »Um das zu verstehen«, schreibt Butler, »muß man sich eine unmögliche Szene vorstellen, nämlich einen Körper, dem noch keine gesellschaftliche Definition verliehen wurde, der für uns also strenggenommen zunächst unzugänglich ist, aber im Ereignis der Anrede, eines benennenden Rufs, einer Anrufung, die ihn nicht bloß ›entdeckt‹, sondern allererst konstituiert, zugänglich wird.«[9] Durch die Sprache und den Akt der Anrufung wird ein Körper regelrecht ins Leben gerufen: Er wird vorstellbar, identifizierbar, benennbar – und damit überhaupt erst zu einer gesellschaftlichen Größe.

VERLETZENDE REDE

Hat nun Sprache tatsächlich die Kraft, in der beschriebenen Weise Handlungen zu vollziehen, dann besitzt sie notwendigerweise auch die Macht, zu verletzen. »Wenn die Sprache den Körper erhalten kann, so kann sie ihn zugleich auch in seiner Existenz bedrohen«[10], schreibt Judith Butler in ihrem Buch »Haß spricht«, und wir können jetzt, auf der Grundlage des

Gesagten, ermessen, wie tief diese Drohung Butler zufolge geht: Eine sprachliche Verletzung berührt einen Menschen in seinen Grundfesten. Denn wenn Identität in der beschriebenen Weise ein Effekt von Sprache ist, dann kann die Sprache sie logischerweise auch zerstören beziehungsweise Menschen von vornherein Identität verweigern, ihnen regelrecht die Existenzberechtigung entziehen. Das ›N-Wort‹ etwa hat jahrhunderte lang dazu gedient, Menschen zu erniedrigen, sie zum Tier zu degradieren. Als dunkelhäutiger Mensch mit diesem Wort angerufen zu werden ist damit mehr als eine Äußerlichkeit, mehr als eine Fluse, die man sich von der Schulter schnippt. Vielmehr hat ein solches Wort die Kraft, »beim Subjekt eine Todesangst wachzurufen beziehungsweise die Frage aufzuwerfen, ob es überleben wird oder nicht«[11].

Liegt es vor diesem Hintergrund nicht mehr als nahe, den diskriminierenden Begriff immer und überall durch das ›N-Wort‹ zu ersetzen? Wenn ein solches Wort in der beschriebenen Weise verwundet und bedroht, dann sollte man es, so könnte die Schlussfolgerung lauten, eben schlicht nicht mehr sagen. Auch nicht in Kinderbüchern, auch nicht auf einer Theaterbühne, auch nicht in diesem Buch, sondern: nie.

Der Ruf nach gendergerechter Sprache, so scheint es, folgt ebenfalls unmittelbar aus der poststrukturalistischen Philosophie. Ob Genderunterstrich oder Gendersternchen, wenn Sprache grundlegend ist für unsere Wahrnehmung von Welt, dann müssen wir sie eben verändern, um Gruppen (Frauen, Transmenschen) sichtbar zu machen, ihnen Anerkennung zu verschaffen. Oder nicht?

Allein: Wer eine solch strikte Form der »politischen Korrektheit« fordert, kann sich kaum noch auf die dekonstruktive Philosophie Derridas und Butlers berufen. Es stimmt zwar:

Sprache ist dieser Theorie zufolge wirkmächtig, sie ist nachgerade ein Schöpfungsakt und insofern durch und durch politisch. Doch gerade weil die sprachliche Struktur in ihrer Bedeutungsdimension nicht fixiert, sondern durch den konkreten Gebrauch veränderbar ist, spricht aus dekonstruktiver Sicht viel, wenn nicht gar alles gegen starre, kontextunabhängige Vorgaben. Um den entscheidenden Punkt vorwegzunehmen: Die »politische Korrektheit« ersetzt das dekonstruktive Spiel durch die Regel und blendet damit wesentliche Möglichkeiten des Widerstands aus, die Butler und Derrida in ihrem Denken entfalten.

KONTEXTSENSITIVITÄT

Fangen wir mit der Tabuisierung von Wörtern an: Tatsächlich wendet sich Judith Butler in »Haß spricht« ganz ausdrücklich gegen solche Eingriffe. Durch die Tilgung diskriminierender Wörter nämlich, so ihr Argument, nehmen sich die betreffenden Gruppen selbst ein wesentliches Handlungspotenzial: »Ob bestimmte Repräsentationsformen zensiert werden sollen oder der Bereich des öffentlichen Diskurses selbst eingeschränkt werden soll – immer dämpft der Versuch, Sprechen zu reglementieren, den politischen Impuls, den effektiven Widerstand des Sprechens zu nutzen.«[12] Der effektive Widerstand wohnt für Butler in den Wörtern selbst. Wenn diese nämlich nicht von vornherein in ihrer Bedeutung festgelegt sind, kann eine vom Sprecher intendierte Verletzung auch fehlgehen: Sie kann misslingen und vom Adressaten als Instrument der Selbstermächtigung genutzt werden. Ein ganz konkretes Beispiel hierfür ist die Bezeichnung »schwul«. Die längste Zeit war dieses Wort reiner Ausdruck schlimmster Erniedrigung und Diskriminierung. Inzwischen aber haben sich Homosexuelle diesen Begriff im vollumfänglichen Sinn des Wortes *angeeignet*. Sie haben ihn gewissermaßen gekapert als stolze Selbstbezeichnung, ihn mit einer gänzlich anderen Bedeutung aufgeladen, nämlich mit Selbstbewusstsein und auch Selbstverständlichkeit: Ich bin schwul. Und? Damit soll nicht gesagt sein, dass Schwule nicht auch heute noch diskriminiert würden und der Begriff »schwul«, im entsprechenden Kontext geäußert, nicht nach wie vor verletzen könnte. Sondern gesagt werden soll lediglich, dass – um noch mal auf Saussure und Derrida zurückzukommen – Lautbild und Vorstellung nicht unauflöslich aneinandergekoppelt sind und gerade in der Bedeutungsverschiebung emanzipatorisches Potenzial liegt. Judith Butler selbst führt in »Haß spricht« als Beispiel die englische Bezeichnung *queer* an, mit der Homosexuelle ebenfalls lange diskriminiert wurden und die zu Deutsch »seltsam, komisch« meint. Der Begriff ist inzwischen zu einem Ausdruck homosexuellen Selbstbewusstseins avanciert. »Die Neubewertung eines Ausdrucks wie z. B. ›queer‹ deutet (…) darauf hin«, schreibt Butler, »daß man das Sprechen in anderer Form an seinen Sprecher ›zurücksenden‹ und gegen seine ursprünglichen Zielsetzungen zitieren und so eine Umkehrung der Effekte herbeiführen kann.«[13] Woraus folgt: »Das Wort, das verwundet, wird in der neuen Anwendung, die sein früheres Wirkungsgebiet zerstört, zum Instrument des Widerstands.«[14]

Ein Einwand liegt allerdings an dieser Stelle durchaus nahe: Dass Betroffene selbst sich diskriminierende Wörter aneignen und sie in emanzipatorischer Weise verwenden können, heißt doch noch lange nicht, dass diese Wörter allen offenstehen. Es ist ja nicht einfach dasselbe, ob Homosexuelle oder Heterosexuelle den Begriff »schwul« verwenden. Im letzteren Fall ist der Gebrauch zwar keineswegs notwendigerweise diskriminierend, aber doch, so wird man zugeben, anders gefärbt und anfälliger für eine diskriminierende Konnotation.

Bei dem ›N-Wort‹ fällt die Differenz noch wesentlich klarer ins Auge. Ob der Begriff als stolze Selbstbezeichnung (etwa, in seinen zahlreichen Variationen, im Rap oder in den Büchern von James Baldwin) oder von Weißen als Bezeichnungspraxis für Schwarze verwendet wird, macht unbezweifelbar einen Unterschied. Dürfen demnach, wenn überhaupt, nur People of Colour ihn verwenden und sollte man ihn ansonsten vollständig tilgen? Nicht nur als direkte Form der Anrufung, sondern auch als Zitat? Auch aus Shakespeare-Stücken, Astrid-Lindgren-Kinderbüchern? In Judith Butlers Philosophie finden sich zwei Gegenargumente gegen ein solch rigides Vorgehen.

Erstens: Lässt man eine solche Zensur von Wörtern zu oder spricht sich gar aktiv dafür aus, dann könnten natürlich prinzipiell auch solche Begriffe tabuisiert werden, die man selbst durchaus für emanzipativ hält. Als Beispiel führt Butler den Begriff »Abtreibung« an, den Pro-Life-Aktivisten am liebsten vollständig tilgen würden; man denke in diesem Zusammenhang auch an die Diskussion hierzulande über die Werbung von gynäkologischen Praxen für die entsprechende Dienstleistung. Kurzum: Wenn man die Möglichkeit der Tabuisierung oder gar der Zensur in Erwägung zieht, dann steht sie allen Seiten offen, progressiven wie auch regressiven.

Zweitens: Wenn es zutrifft, dass die Bedeutung eines Zeichens nicht im Himmel festgeschrieben ist, sondern maßgeblich von seinem Gebrauch – seinem Kontext – abhängt, dann muss das in letzter Konsequenz auch dann gelten, wenn

Nicht-Betroffene bestimmte Zeichen verwenden. Mit anderen Worten: Wozu Butler und auch Derrida uns aufrufen, ist Kontextsensibilität. In welchem Rahmen, in welcher Art von Öffentlichkeit wird ein Begriff verwendet, von wem und wie? Wird das ›N-Wort‹ auf einer Theaterbühne ausgesprochen, um so eine Figur als rassistisch zu charakterisieren, oder auf offener Straße in der direkten Anrede?[15] Butler selbst geht ganz ausdrücklich auf rechtliche und politische Zusammenhänge ein, die diskriminierende Ausdrücke wiederholen (müssen), um auf ihre verletzende Wirkung hinzuweisen. Bereits hier, so Butler, verschiebt sich etwas – nämlich genau dadurch, »daß dieses Sprechen selbst im eigenen Diskurs zum Zitat wird und mit seinen früheren Kontexten bricht bzw. neue Kontexte erhält«[16]. Und wäre ein solcher neuer Kontext nicht auch dann gegeben, wenn man etwa in Kinderbüchern problematische Begriffe mit entsprechenden Erklärungen und Einordnungen versieht?

Drittens: Auch wenn man selbstverständlich die von Diskriminierung betroffenen Gruppen von den nicht betroffenen Gruppen unterscheiden kann und muss, läuft das strikte Beharren auf der Differenz Gefahr, genau das zu erreichen, was die Dekonstruktion doch eigentlich unterlaufen wollte: Man schreibt Identitäten nolens volens fest und besteht auf unhintergehbaren Unterschieden. Ein Beispiel hierfür ist etwa die Kritik an »kultureller Aneignung«. Damit ist gemeint, dass Angehörige privilegierter Gruppen (Nicht-Betroffene) sich Merkmale unterdrückter Gruppen (Betroffene) zu eigen machen. Wenn etwa Weiße die Frisuren oder Kleider von Schwarzen tragen, habe man es faktisch mit kulturellem Diebstahl zu tun. In einem ähnlichen Sinn wird angezweifelt, dass sich weiße Schriftsteller in die Realität und die Identität schwarzer

Menschen hineinversetzen können: Man wolle, so der Vorwurf, auf diese Weise letztlich nur Kapital schlagen aus einer Unterdrückung, die man selbst verursacht hat. Doch so berechtigt eine solche Sensibilisierung aufgrund der Kolonialgeschichte zunächst einmal ist, führt sie in dieser Rigidität doch dazu, dass aus dem poststrukturalistischen Spiel wieder fixer Strukturalismus wird. Anstatt kulturelle Identitäten als offen und hybrid zu begreifen, werden sie fein säuberlich voneinander getrennt und damit festgezurrt. Hier weiß, da schwarz (vgl. hierzu auch Kapitel VII).

AMBIVALENZ DER SPRACHE

Dem Kampf um Bezeichnungen wohnt die Dialektik inne, dass er festschreibt, anstatt Identitäten spielerisch aufzulösen beziehungsweise als rein performativ zu entlarven. Die Figur des *drag*, der Travestie, ist für Judith Butler Sinnbild und Verwirklichung dieses Spiels. Der Transvestit ist jemand, der sich als Geschlecht inszeniert, durch Kleidung, Bewegung, Gestik, Mimik, und dadurch, so Butler, die Performativität von Geschlecht und heterosexuellen Normen buchstäblich vorführt: »Mit der These, daß alle Geschlechtsidentität wie *drag* ist (...), wird deutlich gemacht, daß im Kern des heterosexuellen Projekts (...) Imitation zu finden ist«, so formuliert die Philosophin in ihrem Buch »Körper von Gewicht«.[17] Heterosexualität, so führt der Transvestit vor, ist kein natürliches Begehren, sondern beruht auf der Nachahmung und Wiederholung von Verhaltensnormen. Natürlichkeit ist für Butler nicht mehr als ein nachträglicher Effekt der beständigen Imitation.

Betrachtet man nun die Geschlechterfrage von diesem parodistischen Spiel her, erscheint auch das generische Maskulinum in seiner Geschlechtsunabhängigkeit plötzlich in einem ganz anderen Licht. Liegt seine Freiheit aus poststrukturalistischer Perspektive nicht gerade darin, dass es von geschlechtlichen Identifikationen absieht? Lehrer statt Lehrer_innen, Busfahrer statt Busfahrer*innen: Nicht das Geschlecht, sondern das Tun wäre der Kern der Bezeichnung. Unbestritten gehört es zu den Errungenschaften der Emanzipation, dass man Menschen nicht auf ihr Geschlecht reduziert, sondern für das anerkennt, was sie können und machen. Wenn es gelänge, das generische Maskulinum als universale, geschlechtsunabhängige Bezeichnungspraxis zu nehmen, die es rein formal eben ist: Böte es dann nicht ein erstaunliches emanzipatorisches Potenzial – und zwar gerade durch seine umfassende Bezeichnungskraft, die nicht nur einzelne Gruppen meint, sondern alle?

Für eine Denkerin wie Butler, die in diesem Punkt die lange Tradition des *linguistic turn* hinter sich weiß, ist die Sprache die Ermöglichungsbedingung unseres Daseins: Wir sind in sie hineingeworfen, die Sprache übersteigt uns insofern immer schon, sie ist schlicht mächtiger als wir. Die zeitgenössische Sprachpolitik hingegen betrachtet Sprache als instrumentell verwendbares Objekt, das man durch gezielte Eingriffe in seiner Hardware verändern kann. Doch stößt der Anspruch, tatsächlich alle Gruppen und Identitäten abzubilden, an klar benennbare sprachlogische Grenzen. So ist es bei Lichte betrachtet unmöglich, für alle denkbaren Identitäten eine adäquate, gleichberechtigte grammatikalische Repräsentation zu finden. Wer weder in die männliche noch weibliche Kategorie passt, landet nolens volens repräsentationslogisch in der lautlichen Lücke des Unterstrichs oder wird zum Sternchen: Ist das gerecht und angemessen – oder abermals eine Hierarchisierung?

Umso hilfreicher ist es hier, sich die Grundeinsicht des *linguistic turn*, auf den sich die Sprachpolitik doch eigentlich gründet, einmal mehr ins Gedächtnis zu rufen: Als allgemeine Systematik, auf die wir uns alle beziehen müssen, verfehlt die Sprache das Besondere von vornherein. Gerade aus dieser Verfehlung wird die Literatur geboren, die vom Begehren getragen ist, so genau wie möglich zu werden – und letzten Endes doch zu scheitern. Und gerade in dieser Verfehlung wohnt die Freiheit, immer wieder neue Formen zu finden. Durch Repräsentationsansprüche wird diese spielerische Suche still gestellt.

ANMASSENDER ANSPRUCH?

Normative Forderungen wie diejenige von Butler werden indes von vielen als Zumutung empfunden: Sind Emanzipationsansprüche an andere nicht per se eine Anmaßung, weil jeder Mensch eine ganz eigene Wirklichkeit, ganz eigene Verletzlichkeitsgrenzen besitzt? Was uns zur grundlegenderen Frage führt, inwieweit wir überhaupt in der Lage sind, uns in andere hineinzuversetzen. Wissen Nicht-Traumatisierte, wie Traumatisierte fühlen? Haben Männer eine Ahnung, was Frauen empfinden? Können Weiße die Welt mit den Augen einer Person of Colour sehen? Wer also darf sich zu welchen Fragen überhaupt äußern? Wo endet die Kraft empathischer Anteilnahme? Das nächste Kapitel beleuchtet ein Problem, das bisher lediglich gestreift wurde: die Grenzen der Einfühlung.

VII: DIE GRENZEN DER EINFÜHLUNG

IN EINER ANDEREN HAUT

Menschen sind unterschiedlich in diese Welt gestellt. In manchen Fällen differieren die Perspektiven so sehr, dass wechselseitiges Verstehen unmöglich scheint. Man sieht einfach nicht dasselbe. Die Dinge stellen sich von den jeweiligen Positionen aus ganz und gar anders dar.

Reni Eddo-Logde wurde 1989 in London geboren und hat eine schwarze Hautfarbe. »Ich kann mich nicht mehr mit der emotionalen Distanz auseinandersetzen, die Weiße an den Tag legen, wenn eine Person of Colour von ihren Erfahrungen berichtet«, so schreibt die Journalistin in ihrem preisgekrönten Buch »Warum ich mit Weißen nicht mehr über Hautfarbe spreche«. »Man sieht, wie sich ihr Blick verschließt und hart wird. Es ist, als würde ihnen Sirup in die Ohren gegossen, der ihre Gehörgänge verstopft. Es ist, als könnten sie uns nicht mehr hören.«[1]

Was Eddo-Logde hier beschreibt, ist das Gegenteil von Einfühlung: nämlich einen nachgerade körperlichen Verschluss und die psychische Weigerung, sich auf die Perspektive eines anderen Menschen einzulassen. »Die emotionale Distanz ist die Folge eines Lebens, in dem sich jemand vollkommen unbewusst darüber ist, dass seine Hautfarbe die Norm darstellt und alle anderen davon abweichen«[2], kritisiert Eddo-Logde weiter mit Blick auf *white privileges*, die jenen, die sie besitzen, schlicht nicht bewusst seien. Weiße, so die Autorin, sind in dem Irrglauben gefangen, »dass die Erfahrungen, die sie aufgrund ihrer Hautfarbe gemacht haben, universell sein können und sollten. Ich kann mich nicht mehr mit ihrer Verwirrung und Abwehrhaltung auseinandersetzen, wenn sie versuchen mit der Tatsache klarzukommen, dass nicht alle die Welt so erleben wie sie (…). Ich kann dieses Gespräch nicht mehr führen, weil wir es oft von völlig unterschiedlichen Orten aus angehen.«[3]

Die Worte der schwarzen jungen Frau sind klar – und werfen doch Fragen auf: Welcher Art nämlich genau ist die »Kommunikationskluft«[4], von der hier die Rede ist? Ist sie schlicht einem arroganten Unwillen geschuldet, sich einzufühlen in die Wahrnehmung des anderen? Oder geht es hier um mehr? Wird ein Mensch mit einer weißen Hautfarbe letztlich nie wissen, wie es ist, ein Mensch mit einer dunklen Hautfarbe zu sein, sosehr man sich auch um dieses Wissen bemühen mag?

An einer Stelle ihres Buches erzählt Eddo-Logde eine Begebenheit, die tatsächlich eher auf Letzteres schließen lässt: Um Geld zu sparen, erzählt sie, sei sie vor einigen Jahren die halbe Strecke zur Arbeit mit dem Rad gefahren und habe bemerkt, dass an vielen Bahnhöfen Aufzüge und Rampen fehlten. So habe sich ihr zum ersten Mal eröffnet, wie »Eltern mit Kinderwagen, Personen im Rollstuhl oder Menschen mit einem Rollator oder Gehstock« die Welt erleben müssen: »Bevor ich mein Rad selbst tragen musste, war mir dieses Problem nie aufgefallen. Ich hatte nie darüber nachgedacht, dass die schwierige Zugänglichkeit Hunderte von Menschen beeinträchtigte. Erst als mich das Problem selbst betraf, wurde auch ich wütend.«[5]

Erst das Durchleben einer bestimmten Situation – oder anders gesagt: die eigene Betroffenheit – ermöglicht Einfühlung, so zeigt diese kleine Szene. Nur ist ein solcher Perspektivwechsel, wie ihn Eddo-Lodge hier vornimmt, eben nicht immer möglich. Ein Weißer kann nicht probehalber in eine schwarze Haut schlüpfen und also auch nicht erleben, wie es sich anfühlt, in einer solchen Haut zu stecken, »schräge(…) Blicke«[6] zu ertragen, gar aufgrund des Aussehens Gewalt zu erfahren, verbale oder physische.

Dass die Grenze der Einfühlung durch mehr begründet sein könnte als *nur* durch Unlust und Faulheit (was keineswegs heißt, dass diese Faktoren nicht auch eine Rolle spielen), darauf weisen auch die hart geführten Debatten über »kulturelle Aneignung« hin. Mit diesem Begriff wird Kritik an dem Umstand geäußert, dass sich etwa Autoren, Übersetzer oder Filmschaffende mit einem Stoff beschäftigen, von dem sie aus eigener Erfahrung nichts wissen können, und sich dann, so der Vorwurf weiter, an diesem Nichtwissen auch noch bereichern: Mit dem Leiden anderer werde bares Geld gemacht, das eigentlich jene verdient hätten, die dieses Leiden von innen kennen.

Ein Beispiel von vielen ist die Debatte über die afroamerikanische Lyrikerin Amanda Gorman aus dem Frühjahr 2021. Bei der Amtseinführung von Joe Biden hatte Gorman ihr Gedicht »The Hill We Climb« vorgetragen, die Rechte wurden daraufhin weltweit verkauft. Als ein niederländischer Verlag die renommierte Autorin Marieke Lucas Rijneveld mit der Übersetzung beauftragte, hagelte es Kritik. Nicht nur würden schwarze Übersetzerinnen in der Auftragsvergabe übergangen. Beklagt wurde damit zusammenhängend, dass eine Person of Colour auch geeigneter gewesen wäre; immerhin besitze ein weißer

Mensch nicht die gleiche Erfahrungswelt wie ein schwarzer. Rijneveld gab dem öffentlichen Druck daraufhin nach und die Übersetzung wieder ab.

Oder der Streit über den Bestseller »American Dirt«. In ihrem Buch erzählt die US-amerikanische Schriftstellerin Jeanine Cummins die Geschichte der Mexikanerin Lydia, die nach einem schweren Attentat der mexikanischen Mafia auf ihre Familie mit ihrem Sohn in die USA fliehen will. Zuerst wurde das Buch in der Literaturszene hoch gelobt, die Filmrechte wurden verkauft und weitere Auflagen gedruckt, doch nach Protesten lateinamerikanischer Literaturkritiker brach ein Shitstorm aus, der Verlag ruderte zurück, entschuldigte sich für die eigene Unsensibilität hinsichtlich der Vermarktung des Buches. Auch in anderen Bereichen der Kunst gab und gibt es solche Fälle. Die Schauspielerin Scarlett Johansson etwa, im wahren Leben heterosexuell, gab 2018 aufgrund harscher Kritik aus der Transgender-Community ihre Rolle als Transmann in dem Film »Rub and Tug« zurück. Bereits ein Jahr zuvor war in der New Yorker Kunstszene ein heftiger Streit über das Bild »Open Casket« der weißen Künstlerin Dana Schutz losgebrochen. Auf dem Bild stellt Schutz die Leiche des vierzehnjährigen, dunkelhäutigen Jungen Emmett Till dar, der im Jahr 1955 von zwei Weißen ermordet wurde. Die Kritiker des Bildes gingen so weit, sogar dessen Zerstörung zu fordern, weil hier schwarzes Leid von einer Weißen vermarktet werde. Dana Schutz selbst reagierte, so berichtet die Kunstzeitschrift »Monopol«, mit diesen Worten auf die Proteste: »Ich weiß nicht, wie es ist, als Schwarzer in Amerika zu leben, aber ich weiß, wie es ist, Mutter zu sein. Emmett war der einzige Sohn seiner Mutter. Ich habe das Bild gemalt, weil ich Mitgefühl mit der Mutter des Opfers habe.«[7] Dieser Verweis der Künstlerin auf die geteilte Erfahrung des Mutterseins erinnert an den britischen Philosophen David Hume, dessen Theorie des Mitgefühls in Kapitel III dieses Buches vorgestellt wurde: Hume geht davon aus, dass wir qua unseres Menschseins, sprich unserer Ähnlichkeit, mit anderen mitfühlen können.

Doch, so würde jemand wie Reni Eddo-Logde jetzt einwenden: Sind nicht gerade solche Theorien der Beweis eines krudesten weißen Universalismus? Denn was heißt hier Ähnlichkeit? Natürlich sind wir alle Menschen. Aber unsere Erfahrungen und auch unsere kulturellen Hintergründe sind verschieden. Wer diese Verschiedenheit übergeht, projiziert seine eigene Erfahrungswelt nachgerade narzisstisch auf alle – und wiederholt damit die Kolonialgeschichte. Zum anderen wäre zu fragen, in welchem Verhältnis das Mitfühlen, das Hume beschreibt, zu einem Einfühlen im starken Sinne steht. Wenn Hume von Mitfühlen spricht, dann meint er eine Gefühlsansteckung zwischen einander ähnlichen Wesen, die sich im anderen jeweils wiedererkennen und deshalb traurig werden, wenn sie jemanden sehen, der traurig ist. Einfühlung im starken Sinn aber meint mehr: Ich sehe die Welt mit den Augen eines anderen. Geht das überhaupt?

Natürlich, so ist man geneigt zu sagen. Immerhin fühlen sich nicht nur Schauspieler in ihre Rollen, sondern auch Schriftsteller in ihre Figuren ein. Ja, war es nicht (wie in Kapitel III ausgeführt) gerade das Verdienst männlicher Autoren wie Richardson oder Rousseau, dass sie durch ihre Briefromane einem breiten Publikum weibliche Welten aufschlossen – und damit die Kraft der Empathie in beträchtlichem Maß freisetzten? Ganz zu schweigen von Romanen wie »Anna Karenina«, »Effi Briest« oder »Madame Bovary«, die allesamt von männlichen Autoren stammen und das Leiden von Frauen an den damaligen patriarchalen Strukturen erzählerisch darlegen.

»Ich tue mich schwer, die Debatte auch nur ernst zu nehmen«, meint entsprechend der Schriftsteller Bernhard Schlink mit Blick auf die Diskussion über »kulturelle Aneignung«. Natürlich, räumt der Autor des Weltbestsellers »Der Vorleser« ein, gelingt die schriftstellerische Einfühlung nicht leicht. »Meinen ersten Kriminalroman wollte ich zuerst aus der Perspektive einer Frau schreiben, habe es dann aber gelassen. Ich dachte, ich könnte mich nicht hinreichend hineinversetzen, wie sich eine Frau fühlt, die ihre Tage hat oder vor dem Spiegel steht und sich für die Blicke da draußen schön macht. Ich würde mich heute nicht trauen, über einen Schwarzen zu schreiben, ich kenne seine Welt nicht genug. Kurzum – das Schreiben über Menschen aus anderen Welten misslingt leicht. Aber es kann auch gelingen, es braucht dazu Wissen und Einfühlung. Warum es ein Verbot geben soll, kann ich nicht verstehen.«[8]

So weit, so einleuchtend. Doch soll hier der Versuch unternommen werden herauszufinden, ob nicht doch eine Wahrheit – und wenn ja, welche – in der Sicht jener steckt, die auf Grenzen der Einfühlung hinweisen. Immerhin hat Kapitel III ebenso gezeigt, dass Rousseau seine Heldin Julie, bei aller Empathie, auch auf problematische Weise zeichnet. Die Frau wird zur Projektionsfläche, zum Objekt eines männlichen Blicks – ähnlich, wie während der Kolonialzeit fremde Kulturen zur Projektionsfläche für weiße Ethnologen wurden, die mit ihrer Deutungsmacht buchstäblich Geschichte schrieben. Es geht in beiden Fällen um diskursive Macht und die Frage, wem welche Geschichte gehört, wer das Recht hat, sie zu erzählen. Was wäre der Welt verborgen geblieben, hätten marginalisierte

Gruppen nicht selbst begonnen, ihre Sicht zu schildern, eigene Fantasien zu entwickeln?

Unschätzbar wertvoll sind solche Literaturen, weil sie den Horizont erweitern und neue Perspektiven eröffnen. Und doch stellt sich hier abermals die Frage nach den Grenzen der Einfühlung, dieses Mal aus der Lesersicht: Befähigen sie mich als weiße Mitteleuropäerin wirklich, die Welt mit ganz anderen Augen zu sehen? Nehmen wir an, ich lese zahlreiche Bücher von schwarzen Autoren, setze mich intensiv mit der Kolonialgeschichte und der Geschichte der Sklaverei auseinander, führe unzählige Gespräche mit People of Colour. Sicherlich bekomme ich auf diese Weise eine Ahnung, wie sich schwarze Menschen in der heutigen Gesellschaft fühlen. In der Realität aber kann es dennoch sein, dass mir ein dunkelhäutiger Kollege auf dem Flur gegenübertritt und sagt: Du verstehst mich einfach nicht. Du fühlst nicht, was ich fühle. Sätze, die nicht nur in interkulturellen Zusammenhängen, sondern auch in jeder langjährigen Paarbeziehung irgendwann einmal fallen.

Womit wir es hier zu tun haben, ist ein erkenntnistheoretisches, ja ontologisches Problem: Denn sosehr ich mich bemühe, eine andere Perspektive einzunehmen, kann ich eben doch nie der andere *sein*. Die Subjektivität des Erlebens eines anderen bleibt in letzter Konsequenz unzugänglich – womit wir bei einer der größten Schwierigkeiten innerhalb der Theorie des Geistes angelangt wären.

VERSCHLOSSENES ICH:
THOMAS NAGEL UND JEAN AMÉRY

In seinem weltberühmten Aufsatz »Wie ist es, eine Fledermaus zu sein?« setzt sich der US-amerikanische Philosoph Thomas Nagel mit dem sogenannten Reduktionismus auseinander. Reduktionistische Theorien versuchen das alte Leib-Seele-Problem zur materialistischen Seite hin aufzulösen: Anstatt Diffus-Metaphysisches wie die Seele anzunehmen, versucht man psychische Prozesse durch objektive Daten zu erklären, also etwa durch bestimmte Abläufe im Gehirn, die sich verbildlichen und messen lassen. Nagel wendet sich gegen eine solch reduktionistische Erklärung von Bewusstsein und verweist auf »den subjektiven Charakter von Erfahrung«, der, so Nagel, »von keiner der vertrauten, neuerdings entwickelten reduktiven Analysen des Psychischen erfasst« wird.[9] Wie auch sollte es möglich sein, subjektive Erfahrung von Welt, die »mit einer einzelnen Perspektive verbunden ist«, in eine »objektive physikalische Theorie«[10] zu übersetzen?

Um diese Unmöglichkeit besonders anschaulich zu illustrieren, wählt Nagel ein Beispiel aus der Tierwelt: die Fledermaus. Von Fledermäusen wissen wir, dass sie sich mittels Radar und Echolotortung in der Welt orientieren, es handelt sich um eine Form von Wahrnehmung, die sich fundamental von unserer unterscheidet. Wie also, fragt Nagel, können wir wissen, wie es ist, eine Fledermaus zu sein? »Es wird nicht helfen sich vorzustellen, dass man Flughäute an den Armen hätte, die einen befähigen, bei Einbruch der Dunkelheit und im Morgengrauen herumzufliegen, während man selbst mit dem Mund Insekten finge; dass man ein schwaches Sehvermögen hätte und die Umwelt mit einem System reflektierter akustischer Signale aus Hochfrequenzbereichen wahrnähme; und dass man den Tag an den Füßen nach unten hängend in einer Dachkammer verbrächte. Insoweit ich mir dies vorstellen kann (was nicht sehr weit ist), sagt es mir nur, wie es für *mich* wäre, mich so zu verhalten, wie sich eine Fledermaus verhält. Das aber ist nicht die Frage. Ich möchte wissen, wie es für eine *Fledermaus* ist, eine Fledermaus zu sein.«[II]

Nun ist eine Fledermaus eine gänzlich andere Lebensform, doch auch unter Menschen ist das Wissen, wie es ist, der andere zu *sein*, letztlich nicht zu erlangen. Wir stecken nicht nur in unterschiedlichen Körpern, wir tragen auch andere Geschichten in uns. Diese Subjektivität des Erlebens lässt sich weder durch Daten noch durch Sprache vollständig erfassen, wie Thomas Nagel anmerkt: »Wir können uns nicht mehr als einen schematischen Begriff davon machen, wie es *ist*.«

In existenzieller Hinsicht hat diese unüberbrückbare Lücke wohl niemand klarer und zugleich tragischer auf den Punkt gebracht als Jean Améry. Während des Nationalsozialismus wird der österreichische Schriftsteller jüdischer Herkunft mehrfach interniert und gefoltert und 1944 nach Auschwitz deportiert. Améry überlebt. Doch seine seelischen Wunden verheilen nicht. 1976 erscheint sein Buch »Hand an sich legen. Diskurs über den Freitod«, worin er die radikale Subjektivität eines sterbewilligen Menschen wie folgt beschreibt: »Die objektiven Sachverhalte gehen ihn nichts an. Er verspürt nicht etwa Ablagerungen von Materie in den Herzgefäßen, sondern er hat ›einen Druck auf der Brust‹, den nur er kennt und von dem die anderen, einschließlich seiner Ärzte, nichts wissen. Sein Ich, aus dem er verstandesmäßig heraustreten kann, indem er den Fachleuten glaubt und nun mehr oder minder gut weiß, was sich objektiv in seinem Körper ereignet, bleibt zugleich auch hermetisch in sich eingeschlossen und verweigert jedermann den Zutritt: die Übersetzung aus der objektiven Sprache in die des Subjekts kann niemals vollständig gelingen.«[12]

Auch für Améry lässt sich das subjektive Erleben nicht objektiv vermitteln: Niemand kann wissen, niemand fühlen, was ein suizidaler Mensch fühlt. Auch durch die Sprache bleibt sein Erleben unübersetzbar. Es ist in ihm eingeschlossen.

BETROFFENENPERSPEKTIVE UND STANDPUNKTTHEORIE

Nur kurze Zeit später, im Jahr 1978, schreibt Améry einen offenen Brief an den Schriftsteller und Journalisten Sebastian Haffner, in dem er sich gegen die »Objektivierbarkeit erlebter Geschichte«[13] ausspricht. Hintergrund ist eine Veröffentlichung Haffners über Hitler, die Améry als zu abgeklärt ablehnt (»Ich glaube, Sie kommen zu früh mit Ihrer Objektivität«[14]) und dabei auf sein eigenes subjektives Erleben als Opfer des Nationalsozialismus, auf seine eigene Betroffenheit als Jude verweist. »Ihre Wunden sind vernarbt«, schreibt Améry an Haffner, der zwar nach London emigrierte, aber nie die Torturen eines KZ-Insassen erfahren musste. »Meine Verletzungen deckt keine neue, festgewachsene Haut, und wo eine solche sich schließen will, reiße ich sie auf, da ich doch weiß, daß unter ihr der Eiterungsprozeß weitergeht. Und damit habe ich nun einen Vorsprung vor Ihnen: nicht etwa dadurch, daß ich mich auf etwas berufe, was kein Verdienst ist, nur Zufallsgeschick; sondern weil die Wirklichkeit des Dritten Reiches als Infektion lebendiger in mir blieb.«[15]

Diese Lebendigkeit des Schreckens, die ein Vernarben der Wunden verhindert, lasse ihn, so Améry, »gewisse Symptome schärfer«[16] sehen und bewahre ihn vor einer »sachliche(…)n Entmystifizierung« Hitlers, die »in Wahrheit nur eine neue und gefährliche Mystifikation« sei: »Erlebte Geschichte«, so der Philosoph in seinem Brief, »ist wirklicher als historiographisch niedergelegte, und wer als Zeitgenosse sich vom Erlebnis löst, trennt sich von der Realität und entfremdet zugleich sich seinem eigenen Schicksal«[17].

Am Ende erliegt Améry seinen seelischen Wunden. Noch in jenem Jahr, in dem der Schriftsteller sich mit diesen Zeilen an seinen Kollegen Haffner wendet, nimmt er sich das Leben.

An dem Brief Amérys ist vieles bemerkenswert. Das Bild der immer wieder neu aufgerissenen Haut etwa wirft abermals die Frage nach dem dialektischen Verhältnis von Verletzlichkeit und Resilienz auf, das in Kapitel II dieses Buches beleuchtet wurde: Améry muss die Heilung seiner Wunde, wie er schreibt, gezielt verhindern, um den »Eiterungsprozeß« nicht unter Verschluss zu halten. Muss sie ständig wieder aufkratzen, damit der Druck herauskann, weil sie sich anders nicht ausdrücken lässt. Nichts wäre vor diesem Hintergrund fahrlässiger, als die Wunde als verlässlichen Quell künstlerischen Schaffens zu romantisieren oder zu verkitschen. Vielmehr muss man sie sehen in ihrer drohenden, schillernden Ambivalenz, die nach beiden Seiten hin offen ist: zur Potenz wie auch zur Vernichtung.

Doch für die Frage nach der Einfühlung ist ein anderer Aspekt zentral: nämlich die von Améry behauptete bessere Sehschärfe der Betroffenenperspektive, die in sogenannten Standpunkttheorien wieder aufgegriffen wird. Diese Theorien spielen auch im Feminismus eine wichtige Rolle: »Kurz gefaßt geht die Argumentation dahin, daß die gesellschaftliche Vorherrschaft der Männer partielle und pervertierte Auffassungen und Vorstellungen zur Folge hat, während die Frauen aufgrund ihrer untergeordneten Position vollständigere und weniger pervertierte Vorstellungen zu entwickeln vermögen«[18], so beschreibt Sandra Harding diese Form feministischer Wissenschaftstheorie. Standpunkttheorien gehen davon aus, dass Menschen unterdrückter Gruppen einen tieferen, objektiveren Zugang zu bestimmten Bereichen der Lebenswelt haben als Menschen, die keine Unterdrückung erfahren. Wissenschaftler (wie Haffner), die das Leiden nur von außen kennen, schweben nachgerade gottgleich über den Dingen beziehungsweise genauer: Sie verschleiern ihre eigene Standortgebundenheit, ihre Zugehörigkeit zur Gruppe der Nicht-Betroffenen, Privilegierten und suggerieren so unangreifbare, szientistische Objektivität. In Wirklichkeit aber verfehlen sie ihren Gegenstand, und zwar notwendigerweise, denn sie kennen ihn nicht aus eigener Erfahrung. Menschen dominierter Gruppen hingegen besitzen diese Innenperspektive, sie sind in den Dingen und haben das Leid am eigenen Leibe erlebt.

Zentrale philosophische Referenz der Standpunkttheorie ist das berühmte Herr-und-Knecht-Kapitel in Hegels »Phänomenologie des Geistes«[19]: Der unterdrückte Knecht steht in einer unmittelbaren Beziehung zu den Gegenständen, er bearbeitet sie unermüdlich, leidet, schiebt seine Begierden auf, während der Herr (wie der Wissenschaftler) keinerlei Kontakt zu dieser Wirklichkeit hat: Er genießt, was der Knecht ihm bereitet. Den Weg zum objektiven Weltgeist aber beschreitet nur der Knecht, nicht der Herr, denn nur der Knecht kann durch die Auseinandersetzung mit der Welt zu höheren Einsichten kommen und weiß um die Abhängigkeiten, die ihn bestimmen.

Wie wichtig es war, dass Menschen wie Améry das Wort ergriffen, um auf den unverzichtbaren Wert der Betroffenenperspektive hinzuweisen, ist heute nach Jahrzehnten der Erinnerungskultur vollkommen klar. Wüssten wir nicht von den Erfahrungen jener, die den Schrecken der Konzentrationslager lebend entkommen sind, hätten wir nur eine äußerst rudimentäre Vorstellung von den dunkelsten Jahren der Menschheitsgeschichte. Auch mit Blick auf gegenwärtigen Rassismus und Sexismus lässt sich kaum bestreiten, dass Betroffene ein exklusives und für den Erkenntnisfortschritt unbedingt notwendiges Wissen besitzen: Sie sind es, die jene Erfahrungen, die andere nur von außen beschreiben können, selbst erleben.

Eine andere Frage jedoch ist, ob die Betroffenenperspektive allein Gültigkeit beanspruchen sollte beziehungsweise in welchem Verhältnis Innen- und Außensicht stehen. Schon bei Hegel ist es nicht einfach der Knecht allein, der sich zum Weltgeist aufschwingt. So ist es ja gerade die dialektische Pointe der »Phänomenologie des Geistes«, dass der Weg zur Objektivität nur in der beständigen kritischen Auseinandersetzung mit einer anderen Perspektive beschritten werden kann: Was für mich wahr ist, entpuppt sich alsbald als falsch, und so erklimmt das Selbstbewusstsein nach und nach höhere Stufen der Erkenntnis.

Aus der Logik der Standpunkttheorie hingegen folgt eine klare Priorisierung der Betroffenenperspektive. So wird zum Beispiel immer wieder gefordert, dass Männer sich etwa zu Fragen des Schwangerschaftsabbruchs am besten überhaupt nicht äußern sollten. Schließlich sei ja, so der standpunkttheoretische Standpunkt, nicht der männliche Körper betroffen.

Gehören Nicht-Betroffene dazu noch zur Gruppe der Leidverursacher, wird eine diskursive Teilhabe fast unmöglich beziehungsweise von vornherein auf empathische Mitsprache beschränkt. In der Hochphase der MeToo-Debatte etwa wurde vielfach die Forderung laut, Männer sollten sich nicht gleich eine (kritische) Meinung bilden, sondern vielmehr zuhören, um sich auf diese Weise – so gut wie eben möglich – in die weibliche Position einzufühlen. Womit sich zeigt, dass Nicht-Betroffenen-Perspektiven offenbar vor allem dann als problematisch wahrgenommen werden, wenn sie von der Perspektive der Betroffenen deskriptiv und normativ abweichen; im Modus des Mitfühlens ist die Diskursteilnahme Nicht-Betroffener weitaus zulässiger. So wiesen im Zuge von MeToo auch viele Männer selbst darauf hin, dass von ihnen nun Zuhören sowie kritisches »In-sich-Graben« gefordert sei, um die Gesellschaft nicht durch den harten Konflikt differierender Ansichten, sondern durch »Einfühlung« zu verändern.[20]

EMPATHIE UND ICH-VERLUST

Zurücknahme statt Konfrontation, Sensibilität statt Härte, Verstehen statt Abgrenzung: Was wäre gegen solch eine empathische Anteilnahme einzuwenden? Bei genauerem Hinsehen jedoch zeigt sich die Gefahr eines regelrechten Perspektivenverlusts: Der hier geforderte aufmerksame und einfühlsame Beobachter besitzt überhaupt keine eigene Sicht der Dinge mehr, weil er aufgeht in derjenigen der anderen. Friedrich Nietzsche hat sich in seiner Schrift »Jenseits von Gut und Böse« mit einem solch achtsamen Typus Mensch beschäftigt, der seine Sensoren empfindsam auf die Welt ausrichtet und sein Ich dabei – so zumindest Nietzsches These – komplett verliert. Anders gesagt: In dem Begehren, objektiv zu sein, streicht er sich selbst aus. In Paragraph 207 des Sechsten Hauptstücks heißt es geradezu vernichtend: »Der objektive Mensch ist in der That ein Spiegel: vor Allem, was erkannt werden will, zur Unterwerfung gewohnt, ohne eine andre Lust, als wie sie das Erkennen, das ›Abspiegeln‹ giebt, – er wartet, bis Etwas kommt, und breitet sich dann zart hin, das auch leichte Fußstapfen und das Vorüberschlüpfen geisterhafter Wesen nicht auf seiner Fläche und seiner Haut verloren gehen. Was von ›Person‹ an ihm noch übrig ist, dünkt ihm zufällig, oft willkürlich, noch öfter störend: so sehr ist er sich selbst zum Durchgang und Wiederschein fremder Gestalten und Ereignisse geworden (…). Seine spiegelnde und ewig sich glättende Seele weiss nicht mehr zu bejahen, nicht mehr zu verneinen; er befiehlt nicht; er zerstört auch nicht. (…) Der objektive Mensch (…) ist kein Ziel, kein Ausgang und Aufgang (…), noch weniger ein Anfang (…) vielmehr nur ein zarter ausgeblasener feiner beweglicher Formen-Topf, (…) ein ›selbstloser‹ Mensch.«[21] Beschrieben wird hier eine empathische Rezeptivität, die sich ins Absolute steigert. Alles muss wahrgenommen, einfühlsam aufgenommen werden, was, wie Fritz Breithaupt in seinem Buch »Die dunklen Seiten der Empathie« mit Bezug auf die zitierte Passage formuliert, zu einer »Verdünnung des Menschen«[22] führt: zu einer Selbstverneinung, die darin liegt, dass man sich eine eigene Position versagt. »Die Identität besteht mithin darin, keine Identität zu haben«[23], resümiert Breithaupt zu Nietzsches Ausführungen. »Der Mensch wird empathiefähig, indem er sein Ich verliert oder ablegt.«[24]

Kurzum: Worauf Breithaupt respektive Nietzsche hinweisen, ist die Gefahr, dass es eben auch ein Zuviel an Einfühlung geben kann. So sehr ist man beim anderen, bei dessen Sicht der Dinge, dass die Einfühlung letztlich gar keinen Erkenntnisgewinn mehr bringt.

Was also tun? Wie angemessen einem anderen Menschen gegenübertreten, der einen guten, freundschaftlichen Rat braucht?

ICH FÜHLE WAS, WAS DU NICHT FÜHLST

Stellen wir uns eine konkrete Situation aus dem MeToo-Kontext vor: Eine Frau berichtet einer guten Freundin abends beim Rotwein in der Kneipe von einem Vorfall in ihrem Büro. Nennen wir die Frau, die erzählt, Lisa, ihre zuhörende Freundin heißt hier Sabine.

Ein Kollege habe ihr, so also Lisa, auf dem Flur ein Kompliment gemacht, das sie als unangenehm empfunden habe. Doch anstatt ihren Unmut zum Ausdruck zu bringen, habe sie »dummerweise gelächelt«, der Kollege habe sie daraufhin leicht an der Hüfte berührt, was aus ihrer Sicht ein »klarer Übergriff« sei und ihr »richtig Angst« mache. Sie finde, sagt Lisa, den Kollegen »wirklich unangenehm« und überlege ernsthaft, den Vorfall bei der Frauenbeauftragten zu melden. Ob das denn richtig sei?

Freundin Sabine hat nun zwei Möglichkeiten der Perspektiveinnahme: Sie kann sich, wie die Philosophin Susanne Schmetkamp schreibt, entweder »ich-zentriert« oder »du-zentriert« äußern.[25] Bei der ich-zentrierten Variante imaginiert sich Sabine mit ihrer spezifischen Konstitution *an die Stelle* von Lisa: Was also würde sie selbst, Sabine, tun, wenn sie in der Situation von Lisa wäre? Nehmen wir an, Sabine ist weitaus besser zur Abgrenzung fähig und insgesamt deutlich selbstbewusster aufgestellt: »Ich an deiner Stelle«, so würde sie sagen, »würde die Sache selbst klären. Du hast deinem Kollegen doch suggeriert, dass du einverstanden bist mit seiner Anmache, jetzt musst du auch selbst damit klarkommen, dass du dir die Suppe eingebrockt hast. Zeig ihm einfach beim nächsten Mal klare Kante!« Eine solche Reaktion erscheint natürlich vergleichsweise unsensibel und offenbart wenig Einfühlungsvermögen; Lisa wird möglicherweise tief enttäuscht von ihrer Freundin sein.

Ganz anders dagegen die »du-zentrierte« Perspektive. Hier imaginiert sich Sabine nicht selbst an die Stelle der leidenden Freundin, sondern sie stellt sich – so weit es denn geht, siehe das beschriebene Fledermaus-Problem – vor, dass sie selbst Lisa *sei*: »Wenn ich du wäre, würde ich natürlich die Hilfe der Frauenbeauftragten in Anspruch nehmen«, würde die Freundin dann sagen. »Du bist eben nicht so gestrickt, dass du dich selbst wehren kannst in so einer Situation. Und viele andere Frauen auch nicht, die du so gleich mitschützt. Ich will nicht, dass dir so etwas noch mal oder vielleicht sogar Schlimmeres passiert!«

In der Empathieforschung gilt diese »du-zentrierte« Perspektive gemeinhin als die schwierigere, aber auch ethisch höherwertige: »Bei der du-zentrierten Perspektiveinnahme geht es darum, sich so gut wie möglich die andere Perspektive zu eigen zu machen. Dies setzt eine größere Flexibilität und Sensitivität voraus, aber auch mehr Information und Wissen«[26], schreibt Susanne Schmetkamp und stellt heraus, dass die Ich-Perspektive als egozentrisch gelte, die Du-Perspektive hingegen als »allozentrisch, da wir uns von uns selbst distanzieren müssen«[27].

Aber, so würde jemand wie Nietzsche hier zurückfragen,

was hat Lisa denn von dem Rat einer Freundin, die sich so sehr einfühlt, dass sie am Ende sagt, was die Beratschlagte selbst schon weiß: nämlich, dass sie sehr schüchtern und zurückhaltend ist und daher nicht in der Lage war, sich zu wehren? Allgemeiner: Welchen Erkenntniswert hat ein Rat, der einen Menschen in seinem aktuellen Sein nur bestätigt, weil sich der Ratgebende so weit wie nur möglich in ihn hineinversetzt? Wenn ich du wäre …, sagt Sabine. Ja, aber, so könnte Lisa mit Recht einwenden, das bin ich ja schon selbst! Ist es, so gesehen, nicht eher die egozentrische Ich-Perspektive, die zuallererst zum Nachdenken und Überdenken der eigenen Position herausfordert – und so Entwicklung in Gang setzt? Doch würde wohl niemand so weit gehen, wiederum die Ich-Perspektive vor der Du-Perspektive zu priorisieren. Um den Bogen von hier aus noch einmal zum Beginn des Kapitels zurückzuschlagen: Reni Eddo-Lodge weist in ihrem Buch »Warum ich mit Weißen nicht über Hautfarbe spreche« ja hellsichtig und vollkommen zu Recht darauf hin, dass verstopfte Ohren und verschlossene Blicke jede Empathie von vornherein verhindern und in der Ich-Perspektive regelrecht gefangen halten.

Worum es in einem gelingenden, gewinnbringenden Gespräch unter Freunden doch vielmehr geht, ist ein Wechselspiel der Perspektiven: ein spannungsvolles Hin- und Herspringen zwischen Einfühlung und Herausforderung, zwischen Du- und Ich-Perspektive. Anders gesagt: Ist man wirklich an Erkenntniszuwachs und nicht nur an Selbstbestätigung interessiert, dann muss die Grundhaltung empathischer Anteilnahme vom Ratgebenden immer wieder in Richtung Ich-Perspektive überschritten werden, ohne dabei die Du-Perspektive gänzlich zu verlieren.

Es ist diese Dynamik, die letztlich auch jedes professionelle therapeutische Gespräch antreibt: Der zugewandte Therapeut sieht Probleme aus einem anderen Blickwinkel als der Betroffene auf der Couch, nämlich aus einer Außenperspektive, und gerade deshalb vermag er diesen aus seinem Tunnel der Wahrnehmung zu befreien. Wird hingegen die Betroffenenperspektive als alleiniger Zugang zur Wahrheit verklärt, droht erkenntnistheoretischer Verschluss: Man sieht nur, was man sieht. Fühlt nur, was man fühlt. Nicht mehr.

Ich sehe was, was du nicht siehst, so heißt das berühmte Kinderspiel, bei dem man sich wechselseitig zu verstärkter Aufmerksamkeit herausfordert und die blinden Flecken des anderen aufdeckt. Es ist dieses Spiel, das Betroffene und Nicht-Betroffene miteinander einüben sollten, anstatt sich in ihren Perspektiven zu verkapseln. Ich sehe was, was du nicht siehst, beziehungsweise: Ich fühle was, was du nicht fühlst: Nur so entdeckt man die unscheinbarsten Details und betrachtet, wenn auch nur für einen kurzen Moment, die Welt mit anderen Augen.

INTENSIVER FÜHLEN?

Ich fühle was, was du nicht fühlst: Das lässt sich indes auch begreifen im Sinne von: Ich fühle mehr. Intensiver. Feiner. Gemeint ist das Phänomen der Hochsensibilität. Hochsensible sind durchlässiger, dünnhäutiger – und gleichzeitig begabter, meint die US-amerikanische Psychologin Elaine Aron, die mit dem Konzept der Hochsensibilität im umfassendsten Sinn einen wahren Nerv unserer Zeit traf.

VIII: GESELLSCHAFT DER SENSIBILITÄTEN

HOCHSENSIBILITÄT UND DAS PARADIGMA
DES BESONDEREN

»Mir scheint, dass ich Feinheiten um mich herum wahr-
nehme. (…)
　Die Launen anderer machen mir etwas aus. (…)
　Ich neige zu Schmerzempfindlichkeit. (…)
　Ich habe ein reiches, komplexes Innenleben. (…)
　Kunst und Musik können mich tief bewegen. (…)
　Wenn viel um mich herum los ist, reagiere ich schnell ge-
reizt. (…)
　Es nervt mich sehr, wenn man von mir verlangt, mehrere
Dinge gleichzeitig zu erledigen. (…)
　Ich bemerke und genieße feine und angenehme Gerüche,
Geschmacksrichtungen, Musik und Kunstgegenstände.«[1]
　Diese Selbstbeschreibungen stammen aus dem »Eingangs-
test« in Elaine N. Arons Bestseller »Sind Sie hochsensibel?«.
Das Buch erschien erstmals 1996 und wurde in siebzig Spra-
chen übersetzt. Das Persönlichkeitsmerkmal der Hochsensibilität wollte Aron ausdrücklich nicht als Krankheit verstanden
wissen, sondern als genetisch vererbte Eigenschaft mit hohem
Kreativitätspotenzial: Wer hochsensibel ist, so Aron, besitze
nicht nur eine »größere Empfänglichkeit gegenüber Reizen«[2],
sondern auch außergewöhnliche Begabungen: »Meistens stellen Sie fest, dass Sie nicht in der Lage sind, so viel zu ertragen

wie andere«, wendet Aron sich an ihre Leser. »Dabei vergessen Sie, dass Sie zu denjenigen zählen, die oftmals große Kreativität, Leidenschaft, Erkenntnis und Anteilnahme an den Tag legen (...).«[3]

Unter Hochsensiblen gebe es »Hellseher, begabte Künstler oder Erfinder, ebenso wie besonders gewissenhafte, vorsichtige und gebildete Menschen«[4], so die US-amerikanische Psychologin, die sich selbst als hochsensibel einstuft. Stress und äußere Überreizung seien für Hochsensible Gift, eine beschleunigte Multitasking-Welt überfordere »HSM« (Abkürzung für »hochsensible Menschen«) notorisch und verhindere eine Entfaltung der genannten Talente, weshalb Aron eindringlich dazu rät, vor sozialen Situationen zwar nicht zu fliehen, aber doch die Existenz auf das außergewöhnliche Persönlichkeitsmerkmal einzustellen. Als Fallbeispiel führt Aron etwa Charles an: »Lärm störte ihn besonders. Deswegen wohnte er in einer ruhigen Gegend und umgab sich mit angenehmen Klängen einschließlich eines Brunnens im Garten und schöner Musik. (...) Wenn ihn berufliche Angelegenheiten zu stark belasteten, verließ er seine Arbeitsstelle, sobald er nicht mehr gebraucht wurde, und entspannte sich beim Klavierspielen oder während eines Spaziergangs. Aufgrund seiner Sensibilität entschied er sich bewusst gegen eine berufliche Laufbahn in der Wirtschaft. (...) Charles hat sein Leben auf seine Sensibilität abgestimmt und versucht den für sich optimalen Grad nervlicher Anspannung nicht zu übertreiben, ohne sich dabei schlecht zu fühlen.«[5] Der bahnbrechende Erfolg von Arons Buch und die Tatsache, dass sich weite Teile der gebildeten Mittelschicht in dem oben zitierten Eingangstest (und womöglich auch in Charles) wiedererkannt haben, ließe sich indes kaum erklären, wenn es sich bei dieser Eigenschaft wirklich ›nur‹ um eine genetische Vererbung handelte, die man haben oder nicht haben kann. Das Merkmal »hochsensibel« ist bei Licht besehen weit mehr: nämlich das Symptom einer beschleunigten, individualisierten, spätmodernen Welt. Dieser Welt mit ihren Steigerungslogiken, Reizen und sozialen Ansprüchen wohnt nicht nur eine Überforderungstendenz inne, die zu Dünnhäutigkeit und nervlicher Anspannung führt, sondern auch ein Ideal, das HSM geradezu paradigmatisch erfüllen: Was zunehmend zählt, ist eine Einzigartigkeit, die sich aus einem sensiblen Welt- und Selbstverhältnis speist.

In seinem Buch »Gesellschaft der Singularitäten« analysiert der Soziologe Andreas Reckwitz eingehend dieses spätmoderne »Paradigma des Besonderen«, das seit den 1970er Jahren grundlegend wird für die neue Mittelklasse: »Wohin wir auch schauen in der Gesellschaft der Gegenwart: Was immer mehr erwartet wird, ist nicht das Allgemeine, sondern das Besondere. Nicht an das Standardisierte und Regulierte heften sich die Hoffnungen, das Interesse und die Anstrengungen von Institutionen und Individuen, sondern an das Einzigartige, das Singuläre.«[6]

Außergewöhnliche Kreativität, ästhetisches Differenzierungsvermögen, Feingefühl: Das sind die zentralen Werte der Gegenwart. Routinen und Standards hingegen, die Sensibilitäten weder berücksichtigen noch tolerieren, erfahren seit einigen Jahrzehnten eine Abwertung. Nicht das standardisierte Reihenhaus, sondern das individuell ausgestaltete Wohnprojekt, nicht Massentourismus, sondern die Individualreise, nicht der streng geregelte Behördenjob, sondern »Kreativarbeit«[7] avancieren zu den erstrebenswerten Merkmalen einer neuen Mittelklasse, die ethisch wie ästhetisch immer empfindsamer wird: »Der sogenannte ethische Konsument entwickelt eine differenzierende Sensibilität für Brot- und Kaffeesorten in einer Weise, wie sie früher allenfalls für Weinkenner typisch war«, schreibt Reckwitz. »An die Stelle des Sofas ›von der Stange‹ tritt die Suche nach dem Vintage-Stück (...).«[8]

Klar ist hier zu erkennen, wie unauflöslich Sensibilität und Singularität miteinander verwoben sind. Nur wer über verfeinerte Wahrnehmung verfügt, kann differenzierten Geschmack ausbilden. Nur wer empfänglich ist für äußere wie innere Schwingungen, kann sich ausdrücken, kreativ tätig sein, sich selbst verwirklichen. Und nur wer auch im sozialen Miteinander Sensibilität aufweist, vermag die spezifische Vulnerabilität anderer wahrzunehmen und ihr gerecht zu werden: »Man hat einen Sinn für die besondere Verletzlichkeit von Individuen einzelner Identitätsgruppen jenseits des ›weißen heterosexuellen Mannes‹ entwickelt, für die Frauen, die Homosexuellen, die Farbigen und andere ethnische Minderheiten, die Transgender-Personen und solche mit körperlichem oder psychischem Handicap«[9], so Reckwitz. Die ethische Empfindsamkeit veranlasst zu sensiblem Sprachgebrauch und angemessener körperlicher Distanznahme, zu Vorsicht und den feinen Unterschieden im Umgang. Auch Tiere und Pflanzen werden naturgemäß als Wesen mit Ansprüchen wahrgenommen, wie der Mensch besitzen sie ein Lebensrecht, dem es achtsam zu begegnen und Rechnung zu tragen gilt. Nicht Naturbeherrschung, ökologische Empfindsamkeit ist gefragt.

Um die psychisch-leibliche Sensibilität nicht zu vergessen: Nur wer versteht, in sich hineinzuhören, vermag individuelle Bedürfnisse sowie auch körperliche Besonderheiten wahrzunehmen und seinen Lebensstil entsprechend anzupassen. Der eine braucht viel Licht und kann nicht in unteren Stockwerken wohnen, der andere verträgt keine Laktose, der Dritte muss morgens erst einmal zwei Stunden Yoga machen, um in den Tag zu finden, der Vierte verträgt ganz grundsätzlich keine Nähe zu anderen Menschen: Die Singularisierung der Gesellschaft in Singlehaushalte hängt mit dieser Ausdifferenzierung der Bedürfnisse unauflöslich zusammen.

Auch die Zunahme der Allergien ist hier einzuordnen. In Deutschland leidet jeder Dritte unter einer Allergie, die Tendenz ist steigend. Ursache für eine Allergie ist eine sogenannte Sensibilisierung für eigentlich harmlose Fremdstoffe, gegen die der Körper rebelliert, also eine übertriebene Abwehrreaktion zeigt. Allergisch gegen etwas zu sein, ist in der singularisierten, bedürfnisspezifizierten Gesellschaft natürlich längst zu einer Redewendung avanciert.

Vor diesem Hintergrund verwundert es nicht, dass Hochsensibilität Elaine Aron zufolge durchaus keine Ausnahmeerscheinung ist. Laut der US-Psychologin sind rund zwanzig Prozent der Menschen hochsensibel. Ja, mehr noch: Hochsensibilität ist nicht nur verbreiteter, als man denken mag, sondern steht in der von Entfremdung gezeichneten Spätmoderne sogar für eine tiefe Sehnsucht: HSM stehen mit der Welt in Verbindung, haben einen ständigen, vibrierenden Draht zu ihr.

RESONANZSENSIBILITÄT

Der Soziologe Hartmut Rosa spricht in diesem Zusammenhang von »Resonanz«. Das Konzept der Resonanz ist das Thema seines gleichnamigen Buchs, das aus den »historisch sich herausbildenden *existenziellen Sensibilitäten*«[10] eine Soziologie der Weltbeziehung entfaltet. Rosa kontrastiert hier das menschliche Bedürfnis nach einer sinnlichen Weltbeziehung, das »Verflüssigung«, »Berührung« und ein »rhythmisches *Aufeinandereinschwingen*« beinhaltet,[11] mit den Verdinglichungstendenzen der kapitalistischen Spätmoderne: Anstatt dass die Welt sich öffnet, so Rosa, zieht sie sich kalt zurück. Steigerungsdynamiken und rasante Wandlungsprozesse im Technischen wie Sozialen entfremden das Subjekt von der Welt. Es steht ihr beziehungs- und emotionslos gegenüber.

Der Begriff der Resonanz ist lateinischen Ursprungs und meint »Widerhallen«. Doch die moderne Welt, so Rosa, bleibt stumm. Sie antwortet nicht. Das depressive Selbst ist das auffälligste Symptom dieses Rückzugs. So wie ein Kind seelisch verkümmert, wenn sich die Eltern abwenden, erkrankt der Mensch am kalten Schweigen der Welt, wird innerlich starr und leblos.

Die Kehrseite dieser Depressionsdynamik ist ein regelrechter Boom von Achtsamkeitspraktiken. Denn nach kaum etwas sehnt sich der moderne Mensch so sehr wie nach Resonanz. Yoga, Meditation, Wellness und Sensibilitätstrainings avancieren zu regelrechten Heilsversprechen. Man will sich und die Welt endlich wieder spüren, Sinn für die Schönheit des Alltags entwickeln: »Insbesondere spätmoderne Subjekte versuchen unentwegt, ihre Gefühle zu verstehen, ihren Körper zu spüren, harmonische Familienbeziehungen zu etablieren, sich beruflich zu verwirklichen, spirituell weiterzuentwickeln. Sie sind damit in allen Dimensionen ihres Lebens auf der Suche nach Antwortbeziehungen und Resonanzerfahrungen«, schreibt Rosa.[12]

Für den Soziologen sind diese gefühlszentrierten Techniken der Selbst- und Welterfahrung Schulungen in »Resonanzsensibilität«[13], die dem romantischen Begehren nach einer »singenden Welt«[14] entspringt. Diese Welt hat nichts zu tun mit der Dauerbeschallung der Konsumwelt, nichts mit einer notorischen Überreizung der Sinne. Vielmehr setzt Resonanzsensibilität Rückzug voraus. Rückzug aus entfremdenden, lärmenden Verhältnissen. Zentral ist in diesem Zusammenhang die Vorstellung, »dass wir nur den rechten Platz bzw. den rechten Weltausschnitt finden müssen«[15], um Resonanzsensibilität zu entwickeln. Dieses Refugium, das gewissermaßen befreit ist von kapitalistischen Verdinglichungsgesetzen und technologischer Reizüberflutung, kann ein bestimmter Ort sein, die resonanzgeladene Heimat oder das Ferienhaus auf dem Land. Auch das Zusammensein mit bestimmten Menschen kann diesen Weltausschnitt darstellen: »Die moderne Gesellschaft ist deshalb dadurch gekennzeichnet, dass sie von den in ihr Lebenden verlangt, sich gleichsam als Resonanz-Seismographen im sozialen Raum zu bewegen und soziale Bande dann und dort zu knüpfen, wo es zu einem wechselseitigen Ansprechen oder Anrufen kommt – wo es zwischen den Interaktionspartnern ›funkt‹.«[16] Entscheidend sind mithin (siehe Reckwitz) nicht länger traditionsbedingte Bande wie etwa die Familie, sondern punktuelle, *singuläre* Verbindungen der Intensität:[17] »Intensive (private) Sozialbeziehungen werden so (zumindest der Idee nach) von ständischen, rituellen, höfischen oder religiösen Vorgaben oder Regeln befreit und als reine Resonanzbeziehungen konzeptualisiert.«[18]

Zentral ist hier eine normative Differenzierung, die eine lange Tradition hat und uns in verschiedenen Abwandlungen und Hinsichten bereits begegnet ist: Der negativen, buchstäblich nervtötenden, passiven Überreizung steht eine positive, aktive Sensibilität gegenüber: eine kreative Vibration der Sinne, eine schöpferische Schwingung zwischen Ich und Welt.

Auch Elaine Aron knüpft an diese Tradition an, wenn sie ihren tendenziell überforderten Patienten »Resonanz-Oasen« empfiehlt. Rückzugsorte sollen das empfindsame Wesen schützen, es weder überfordern noch abtöten, sondern vielmehr in gerade richtigem Maß kreative Schaffensprozesse befördern. Anders gesagt: Der Hochsensible muss sich auf eine ganz ähnliche Weise aus der Welt zurückziehen wie die sensible Künstlerexistenz. Der Lyriker und Philosoph Paul Valéry hat dieses Dreigestirn aus kapitalistischer Reizüberflutung, Sensibilität und Kreativität bereits 1935 wegweisend beleuchtet.

PAUL VALÉRY UND DER SAFE SPACE

»Sprunghaftigkeit, hastiges Unterbrechen, überraschende Ablenkung machen allenthalben unsere Daseinsbedingungen aus«, heißt es gleich zu Beginn seines Essays »Bilanz der Intelligenz«. »Bei vielen Individuen ist geradezu eine Sucht danach entstanden, und sie nähren sich im Geistigen gewissermaßen nur mehr von plötzlichen Abschweifungen und ständig wechselnden Reizen. ›Sensationell‹ und ›beeindruckend‹ charakterisieren als Schlagworte die ganze Epoche.«[19]

Entsetzt nimmt Valéry einen Verfall des Geistigen wahr, den er ursächlich auf die dauererregte, beschleunigte Lebenswelt seiner Zeit zurückführt: »Die Bedingungen, unter denen der Geist arbeitet, haben in der Tat dasselbe Schicksal erlitten wie alle übrigen menschlichen Dinge, das heißt, sie haben teil an der allgemeinen Intensivierung und Beschleunigung der Austauschvorgänge und leiden unter der Zusammenhanglosigkeit, dem phantastischen Schillern der Ereignisse.«[20]

Doch warum genau leidet die Intelligenz nun unter diesen

Bedingungen? Könnte sie nicht – man denke an den Philosophen Walter Benjamin, der sich durch das Pariser Großstadtleben treiben und inspirieren ließ – durch die äußeren Reize geradezu stimuliert werden? Hier kommt die Sensibilität ins Spiel, die für Valéry unerlässliche Voraussetzung, ja die fragile Lebensader der Intelligenz ist, aber durch die »augenblicklichen Lebensumstände aufs stärkste gefährdet«[21] sei. Wer ständig Ablenkung suche und nach Sensationen giere, wer durch die schnelle Zeittaktung der Moderne keine Zeit mehr zum Verweilen habe und permanent überreizt werde, könne sich schlicht nicht mehr der eigenen Wahrnehmung überlassen, ganz aufgehen in den Dingen.

Ja, mehr noch: Die Sensibilität selbst nimmt Schaden und bildet sich regelrecht zurück. »Angesichts all dieser Tatsachen liegt mir die Schlußfolgerung gar nicht fern, daß die Sensibilität bei den Modernen im Abnehmen begriffen ist. Da immer stärkere Erregung, ständig wachsende Energie aufgebracht werden muß, damit wir etwas spüren, muß es wohl so sein, daß unser sinnliches Empfinden nach einer Phase der Verfeinerung nun zurückgeht. Ich bin eigentlich überzeugt, daß genauere Messungen der für die Sinne der Zivilisierten jeweils erforderlichen Energien ein Anheben der Wahrnehmungsschwelle ergeben würden, und das heißt ja, eine zunehmende Abstumpfung.«[22]

Die Folge: ein Verlust nicht nur der künstlerischen Produktivität, sondern auch des ästhetischen Empfindens. So beobachtet Valéry einen Verlust des »Formgefühls« und überall wachsende »Gleichgültigkeit gegenüber allem häßlich und abstoßend Gestalteten«[23], was sich vor allem an der zeitgenössischen Architektur und Stadtplanung zeige.

Unter welch idealen Bedingungen dagegen hätten die

Künstler früherer Epochen gearbeitet, und wie notwendig, betont Valéry, sei es, die »freie Zeit«[24] wiederzuentdecken, sich mithin dem äußeren Wahnsinn gezielt zu entziehen. Mit »freier Zeit« meint der Philosoph nicht die Freizeit, die wiederum eng getaktet sei, sondern vielmehr Muße, komplette Zweckfreiheit. Mit Rosa gesprochen: Die freie Zeit ist der rettende »Weltausschnitt«. »Keine Sorge, kein Morgen, kein innerer Druck; vielmehr eine Art Ausruhen in der Abwesenheit, ein wohltuendes Unbesetztsein, das den Geist in seine eigentliche Freiheit zurückstellt. Er beschäftigt sich dann nur mit sich selbst. Seiner Pflichten gegenüber der praktischen Erkenntnis ledig und der Sorge um das Bevorstehende enthoben, kann er sich dann der Erzeugung von Gebilden rein wie Kristalle hingeben.«[25]

Es fällt nicht schwer, die von Valéry gezeichneten Linien bis in die Gegenwart zu ziehen, seine Sorge auf das Jetzt zu übertragen. Was in den 1930er Jahren das Kino und die Zeitungen waren, sind heute Netflix, Twitter und Co. Ja, mit Blick auf die digitale Dauererregung erscheint Valérys Welt nachgerade tiefenentspannt, und so verwundert es nicht, dass die Sorge vor einer zunehmend desensibilisierten, abgestumpften Welt heute ungleich größer ist. Gewarnt wird angesichts der digitalen Reize nicht nur vor zunehmender Verdummung (speziell der Jugend), sondern auch vor einer Verrohung des Diskurses und handfester Gewalt. In der Tat grassiert in heutigen Bildungseinrichtungen digital gestütztes Mobbing, nahezu ungehemmt entlädt sich der Hass in den sozialen Medien und den Kommentarspalten: Verhärtungstendenzen, die in sinnfälligem Gegensatz stehen zur feinen Taktilität der Finger auf dem Touchscreen. Während man schimpft, beleidigt, intrigiert, wird beinah zärtlich über die Oberfläche eines empfindlichen Geräts gestrichen, werden mit hochsensiblen Fingerspitzen vorsichtig hochsensible Schaltflächen berührt. Dieser Gegensatz zwischen zärtlicher Geste und brutaler Handlung ist aber keineswegs unversöhnbar, im Gegenteil: Nur eine kleinste, kaum sichtbare Bewegung mit dem Finger, schon wird wie von allmächtiger Hand eine Tat vollzogen: Mein Wille geschehe.

Doch es gibt mit Blick auf die Gegenwart, jenseits dieser recht gut bekannten medienkritisch-gesellschaftspessimistischen Perspektive, eine signifikante Verschiebung im Vergleich zu Valérys Einsatz: Hatte der Lyriker als schützenswertes Wesen die Künstlerexistenz im Fokus, werden heute, insbesondere an Universitäten, Safe Spaces für unterdrückte Gruppen gefordert. Nicht die sorgsame Pflege der kreativen Seele, sondern das Fernhalten störender Impulse Andersdenkender steht hier im Mittelpunkt: Was für Valéry ein Übermaß an sinnlichen Reizen war, ist heute ein Übermaß an differierenden Weltzugängen, die das eigene, besondere In-die-Welt-Gestelltsein relativieren und gefährden. Man möchte unter sich sein. Unter seines- oder ihresgleichen. Kurzum: An die Stelle der empfindsamen künstlerischen Existenz ist die empfindsame politische Existenz getreten, die durch sichere Orte vor den Härten eines offenen Debattenkampfes und hegemonialer Dominanz bewahrt werden soll.

»SNOWFLAKES« VERSUS »OK BOOMER«

Mit Blick auf diese neue Empfindsamkeit wird gerade von älteren Generationen eine zunehmende Überempfindlichkeit in politischen Debatten beklagt. Diese Klage konzentriert sich in einem Begriff, der in diskriminierender Weise angeblich verhätschelte Vertreter linker Identitätspolitik bezeichnet: »Snow-flake«. Schneeflocke. Gemeint sind damit junge, *woke*, auf Diversität bedachte Digital Natives, denen von Älteren hochgradige Überempfindlichkeit und die komplette Unfähigkeit zu politischer Auseinandersetzung unterstellt werden.

Mit dieser Hypersensibilität unauflöslich verbunden ist die vermeintliche Einzigartigkeit von »Snowflakes«: So wie kein Schneekristall dem anderen gleicht und so wie er bei jeder Berührung zerstört wird, wähnt sich – das ist die Kritik – auch die junge, um die Jahrtausendwende geborene Generation Z ganz und gar besonders, weshalb man ihr auf keinen Fall zu nahe treten, geschweige denn sie hart anfassen dürfe.

Auch schwingt in »Snowflake« eine Milieukritik mit: »Schneeflocken« seien eben nie mit den Härten des Lebens in Berührung gekommen und in wattierten Schutzräumen groß geworden. Die Fähigkeit zu gesunder Resilienz gehe ihnen vollständig ab, weshalb sie sich nur durch den Ruf nach Trigger Warnings und Safe Spaces zu schützen wüssten. Kurzum: »Snowflakes« sind hypersensibel, einzigartig, unberührbar: Das Paradigma des Besonderen findet in diesem abwertenden Begriff seine wohl deutlichste Zuspitzung.

Wer allerdings glaubt, dass die sogenannten Schneeflocken nicht zurückzuschlagen wüssten, irrt. Vielmehr hat die Sensibilität auch hier eine aggressive Kehrseite. Mit der sarkastisch-abwertenden Bezeichnung »OK Boomer« ist die ältere (Baby-boomer-)Generation gemeint, die, salopp gesagt, den Schuss nicht gehört hat und völlig veralteten Ansichten anhängt.

Du glaubst, Komplimente sind einfach nur harmlos und Mann darf Frau ruhig auch mal anfassen? OK Boomer. Du hältst die Fridays-for-Future-Bewegung für reine Panikmache? OK Boomer. Du meinst, man darf Kant trotz seines Rassismus noch lesen, weil es nun mal Kant ist? OK Boomer. Du hältst Familie immer noch für wichtiger als Freundschaft? OK Boomer. Du bist überzeugt, Männlichkeit und Weiblichkeit sind biologische Tatsachen? OK Boomer.

Entsprechend wird auch den Boomern eine spezifische Art der Empfindlichkeit und Weinerlichkeit unterstellt: Immer dann, wenn ihr um Privilegien und Traditionen fürchtet, fangt ihr gleich an zu heulen. Ihr seid es doch, die mit neuen Druckverhältnissen nicht klarkommen. Wer seid ihr, dass ihr die ökologischen Grundlagen der Zukunft zerstört? How dare you? Wir sind viele, wir sind laut!

Die Boomer sind aus dieser Perspektive Vertreter einer notwendig untergehenden Welt. Der Welt der Traditionen, Normen, Standards. Um es mit Reckwitz zu sagen: Boomer gehören ganz klar ins veraltete Paradigma des »Allgemeinen«, nicht des »Besonderen«. Der Boomer: eine aussterbende Spezies. Der Boomer: ein trauriger, alter weißer Mann, der über den Verlust seiner Vorteile nicht hinwegkommt, aber hinwegkommen muss.

FASS MICH NICHT AN?

Ist die Hochsensibilität also das neue Normal und der Safe Space die neue Resonanzoase? Schlägt das Besondere das Allgemeine? Der Partikularismus den Universalismus? Der freiberufliche, flexible Kreativjob die routinierte Festanstellung? Die Empfindsamkeit die Resilienz? So weit zu gehen hieße, die großen Krisen der Gegenwart sträflich zu übersehen. Die Zunahme der Prekarisierung im Ökonomischen und der Depression im Existenziellen sowie die Erosion des öffentlichen

Raums als Ort sachbezogener Debatten zeigen die Problematik des Singularitätsparadigmas deutlich an. Auch Reckwitz kommt am Ende seines Buches zu dem Schluss: »Die soziale Krise der Anerkennung, die kulturelle Krise der Selbstverwirklichung und die politische Krise von Öffentlichkeit und Staat lassen sich allesamt als Ausformungen einer Krise des Allgemeinen interpretieren, in die eine Gesellschaft gerät, die sich radikal am Besonderen ausrichtet.«[26]

Ein zugespitztes Bild für diese Krise des Allgemeinen bietet das Ritual des gemeinsamen Essens, das kaum mehr möglich wird, wenn jeder am Tisch andere Sensibilitäten hat: In dem Salat sind Nüsse? Dagegen bin ich leider allergisch. Fleisch? Ich bin Vegetarier. Nicht regionales Obst? Eine sträfliche Ökobilanz, die ich nicht unterstütze. Je höher die Sensibilisierung, desto größer die Wahrscheinlichkeit, dass jeder allein is(s)t.

Unauflöslich verbunden mit diesen Vereinzelungstendenzen ist die neue Unnahbarkeit. Hatte die MeToo-Debatte bereits nachdrücklich Abstandsregeln für Mann und Frau eingefordert, wurde die Distanz zwischen Mensch und Mensch durch die Corona-Krise 2020/21 zu einer virologischen Notwendigkeit. Das letzte Kapitel dieses Buches handelt, um es mit Elias Canetti zu sagen, von der »Berührungsfurcht«.

IX: ABSTANDSREGELN

MODERNES DISTANZVERLANGEN UND
ANTHROPOLOGISCHE BERÜHRUNGSFURCHT

Die verordnete Distanz während der Corona-Krise wurde und wird, auch wenn die Notwendigkeit auf der Hand lag, weithin beklagt. Andere auf Abstand zu halten, niemanden näher an sich heranzulassen als 1,50 Meter: *Social distancing* gilt nahezu einhellig als Zumutung für das Sozialwesen Mensch, der Berührung braucht, und zwar nicht nur als Kind, sondern auch als Erwachsener. Nicht nur in besonderen Situationen, sondern auch im Alltag. Nicht nur von Vertrauten, sondern auch von Fremden. Berührungen, und seien sie nur flüchtig, stiften Verbundenheit, Sicherheit, Vertrauen, emotionale Nähe, kurzum: Wärme. Höhlen- und Lagerfeuergeborgenheit. Durch Berührungen werden, wie Rebecca Böhme in ihrem Buch »Human Touch« schreibt, »nicht bloß die C-taktilen Fasern angeregt, die speziell auf Streicheleinheiten reagieren, sondern auch Wärmerezeptoren der Haut. Wärme selbst kann Emotionen und Stimmungen beeinflussen. Wärme löst Gefühle von Wohlergehen und Gemütlichkeit aus und führt zur Ausschüttung von Serotonin.«[1] Eine kleine Berührung des Kellners im Café oder des Kollegen am Arbeitsplatz vermag die Atmosphäre sofort aufzuhellen.

Allein, bei manchen Lesern werden diese Zeilen wohl eher ungute Assoziationen auslösen. Berührungen am Arbeitsplatz?

Vielleicht auch noch vom Chef höchstpersönlich, der seiner Sekretärin beim Diktieren mal kurz über die Schulter streichelt? Nein, danke, so mögen auch Sie vielleicht denken: Da werden keine C-taktilen Fasern stimuliert, da stellen sich die Nackenhaare auf.

Tatsächlich zeigt sich bei genauerem Hinsehen, dass viral bedingte Abstandsregeln keineswegs schlicht eine unzumutbare Umkehrung des Sozialen bedeuten. Vielmehr spitzt sich im *social distancing* das moderne Begehren zu, andere, zumal Fremde, nicht zu nah an sich heranzulassen. In Kapitel I dieses Buches wurde mit Norbert Elias gezeigt, dass der Prozess der Zivilisation ein Prozess ansteigender Sensibilitäten ist, und zwar auch und gerade in körperlicher Hinsicht: Je höher die zivilisatorischen Standards einer Gesellschaft, desto größer ist das Bedürfnis nach Abstand. Bei zu großer Nähe werden Scham und Ekel empfunden. Durch Corona erlangte der zivilisatorische Habitus der Reinlichkeit ein klar medizinisches Vorzeichen und wurde dadurch nur umso fester als Regel installiert. In den Worten des Philosophen Gernot Böhme: »Was man bisher als respektvollen Abstand praktiziert hat, nämlich dem Anderen nicht zu sehr auf den Leib zu rücken, wird als hygienische Maßnahme verlangt und notfalls durch Bußgelder erzwungen. Dadurch wird so etwas wie eine *hygienical correctness* eingeführt«, schreibt der Phänomenologe (und Vater der eben zitierten Rebecca Böhme) mit Blick auf die Corona-Krise.[2]

In der Architektur zeigt sich das wachsende Abstandsbedürfnis deutlich. Wohnungsübergreifende Gemeinschaftstoiletten sind in westlichen Industrienationen nahezu unvorstellbar geworden, stattdessen gehören Gästetoiletten inzwischen zum Standard zeitgemäßen Bauens: Fremde Ausscheidungen und Gerüche sollen sich mit den eigenen nicht vermischen. Schaut man sich darüber hinaus an, in welchem Ausmaß die Wohnfläche pro Kopf etwa in Deutschland zugenommen hat, zeigt sich eindrücklich, wie groß das Verlangen nach Abstand ist: Betrug der Wohnraum 1950 noch vierzehn Quadratmeter pro Person, liegt er heute bei fünfundvierzig Quadratmetern.[3]

Der spätmoderne Mensch beansprucht Raum, in dem er nicht gestört oder belästigt, geschweige denn bedroht wird. Zivilisatorisch problematisch ist so gesehen nicht die Distanz, sondern ihr gerades Gegenteil: die Enge. Dreck, zwangsweises Aufeinanderhocken, fehlende Privatsphäre: Der Inbegriff des Albtraumes sind überfüllte Flüchtlingslager wie Moria auf Lesbos. Desinfektionsspender, Mund-Nase-Bedeckungen und fein säuberliche Linien in Supermärkten hingegen, die den Abstand von Mensch zu Mensch vorgeben, sind der vorläufige Höhepunkt eines zivilisatorischen Prozesses, der die Individuen voneinander trennt und ihnen klar voneinander abgegrenzte Freiheitsräume zuweist.

Deine Freiheit endet, wo meine Freiheit beginnt: Dieser liberale Grundsatz bringt das Selbstverständnis des modernen, mit bürgerlichen Rechten ausgestatteten Menschen auf den Punkt. Ich komme dir nicht zu nahe und du mir auch nicht. Den Freiheitsraum des anderen zu achten, ihn nicht zu tangieren, gehört zu den zentralen Werten der Zivilisation. Das Private, der Besitz wie auch der Leib als solcher sind vor Zugriffen anderer wie auch des Staates geschützt.

Das Berührungsverbot des Leibes hat sich, wie alle anderen Schutzregeln auch, im Prozess der Zivilisation von den privilegierten Schichten bis in die unteren Schichten ausgeweitet. Niemand darf gegen seinen Willen angefasst oder medizinisch behandelt, geschweige denn misshandelt werden. Die Verfügungsgewalt über den eigenen Körper wie auch das Recht auf körperliche Unversehrtheit sind qua Gesetz verbürgt.

Der Schutz vor *Angriff* weist auf die Bedeutung des Taktilen für das moderne Rechts- und Selbstverständnis deutlich hin. Entsprechend heißt es auch in Artikel 1 des deutschen Grundgesetzes: »Die Würde des Menschen ist unantastbar.« Die Unberührbarkeit der Würde, die auch und insbesondere die körperliche Integrität betrifft, verleiht dem Menschen als Zweck an sich etwas nachgerade Heiliges: »Noli me tangere«, sagt Jesus der Überlieferung zufolge nach seiner Auferstehung zu Maria Magdalena: Rühr mich nicht an (vgl. Joh 20,17). Das Berührungsverbot des Leibes ist wesentlich für emanzipatorische Freiheitsbewegungen. Ob MeToo oder Black Lives Matter: Niemand hat das Recht, einen Menschen gegen seinen Willen anzufassen. Jedes Leben besitzt Würde. Damit unauflöslich verbunden ist ein Recht auf Abstand. Sexuelle Übergriffe und Polizeigewalt sind eklatante Würde- und Rechtsverletzungen.

Mit jeder Ausweitung hart erkämpfter Schutzräume verändert sich auch das körperliche Empfinden für unlautere Nähe. »Menschen in westlichen Gesellschaften bekommen es heute mit der Angst, wenn sie weniger als 45 cm Abstand zum nächsten Körper haben«, schreibt Elisabeth von Thadden in ihrem Buch »Die berührungslose Gesellschaft«.[4] Gefühlt also beginnt der unlautere Übertritt, wenn ein Fremder näher kommt als rund einen halben Meter. Wer diese unsichtbare Grenze überschreitet, gilt als respektlos, wird mindestens als unangenehm, gar als bedrohlich wahrgenommen.

Diese Wahrnehmung verdankt sich allerdings nicht nur zivilisatorischem Distanzierungswillen respektive modernen Rechtskonstruktionen, sondern reicht viel tiefer. So wie jeder

Hund zusammenzuckt, wenn ihn ein Artgenosse von hinten berührt, besitzt auch der Mensch empfindliche Warnsensoren. Ihr Ursprung ist, folgt man Elias Canetti, anthropologischer Natur.

»Nichts fürchtet der Mensch mehr als die Berührung durch Unbekanntes«, schreibt Canetti am Beginn seines Werkes »Masse und Macht«. »Man will *sehen*, was nach einem greift, man will es erkennen oder zumindest einreihen können. Überall weicht der Mensch der Berührung durch Fremdes aus. Nachts oder im Dunkel überhaupt kann der Schrecken über eine unerwartete Berührung sich ins Panische steigern. Nicht einmal die Kleider gewähren einem Sicherheit genug; wie leicht sind sie zu zerreißen, wie leicht ist es, bis zum nackten, glatten, wahrlosen Fleisch des Angegriffenen durchzudringen.«[5] Es ist diese anthropologisch verankerte Furcht, die »den Menschen nie mehr verläßt, sobald er die Grenzen seiner Person festgestellt hat«[6]. Canetti identifiziert diese Urangst als zentrales Movens des menschlichen Distanzverlangens. Die Berührungsfurcht ist es, die den zivilisatorischen Prozess maßgeblich vorantreibt und durchwirkt. »Alle Abstände, die die Menschen um sich geschaffen haben, sind von dieser Berührungsfurcht diktiert. Man sperrt sich in Häuser ein, in die niemand eintreten darf, nur in ihnen fühlt man sich halbwegs sicher. Die Angst vor dem Einbrecher gilt nicht seinen räuberischen Absichten allein, sie ist auch eine Furcht vor seinem plötzlichen, unerwarteten Griff aus dem Dunkel. Die Hand, zur Kralle geformt, wird als Symbol für diese Angst immer verwendet. Viel von diesem Sachverhalt ist in den Doppelsinn des Wortes ›angreifen‹ eingegangen.«[7] Dass Situationen der Enge, etwa in der U-Bahn, als unangenehm empfunden werden, ist insofern keineswegs nur zivilisatorischer Überempfindlichkeit (etwa für Körpergerüche) geschuldet, sondern der tief verwurzelten Angst vor ›Angriff‹. »Die Art, wie wir uns auf der Straße, unter vielen Menschen, in Restaurants, in Eisenbahnen und Autobussen bewegen, ist von dieser Furcht diktiert. Selbst dort, wo wir ganz nahe neben anderen stehen, sie genau betrachten und mustern können, vermeiden wir, wenn es irgend geht, eine Berührung mit ihnen.«[8]

Eine Ausnahme von dieser Regel allerdings gibt es, die auch Canetti nicht entgeht: »Wenn wir das Gegenteil tun, haben wir Gefallen an jemandem gefunden, und die Annäherung geht dann von uns selber aus.«[9] Die Rede ist hier von der sexuellen Anziehung, die das bedrohliche Fremde in eine Attraktion, ein Lustobjekt verwandelt.

REGULIERUNG DES SOZIALEN

Canettis »Masse und Macht« erschien 1960, am Vorabend der sexuellen Revolution also, und aus heutiger Sicht fällt auf, wie unbedarft der Philosoph diesen heiklen Punkt benennt. Die unwillkürliche Berührung aus erotisch-sexuellen Motiven war in der Mitte des vorigen Jahrhunderts schlicht noch nicht als eklatantes Problem adressiert worden. Ganz im Gegenteil galt der weibliche Körper auch den Revolutionären der späten 1960er und 1970er Jahre als weitgehend verfügbar, von den sogenannten Ehepflichten ganz zu schweigen.

Seit 1997 ist die Vergewaltigung in der Ehe eine Straftat. Feministische Initiativen wie #Neinheißtnein und MeToo haben zudem 2019 eine Verschärfung des Sexualstrafrechtsparagrafen auch in Deutschland bewirkt, der nicht nur handfeste Gewalt, sondern darüber hinaus die Missachtung des Willens unter

Strafe stellt. Wer versucht, einen anderen Menschen zu berühren und dabei Anzeichen eines Unwillens übersieht oder missdeutet, riskiert, bestraft zu werden.

Rechtlich verbürgte Abstandsregeln erstrecken sich mithin weit hinein ins Intimleben. Doch ist ebenso klar, dass sich das Miteinander auch von Mann und Frau nicht vollends rechtlich regeln lässt. Es bleibt notwendig ein ethisch höchst anspruchsvoller Rest, der von den Individuen selbst bewältigt und gestaltet werden muss: Wie verhalte ich mich in dieser oder jener (erotischen) Situation? Küsse ich den anderen zur Begrüßung, oder gebe ich ihm die Hand? Was ist mir angenehm, was nicht? Was erwarten andere von mir? Wie kann ich in dieser Spannung souverän agieren? Wie zeigen, ja wissen, was ich will und was ich nicht will? Ist mein Begehren wirklich meines – oder das des anderen?

Dass *social distancing* mithin keineswegs nur als Zumutung, sondern, auf einer tieferen Ebene, als Erleichterung wahrgenommen werden kann und faktisch auch wird, liegt auf der Hand, ist es doch gerade das viral bedingte Berührungsverbot, das die hochkomplexe Lebenswelt widerstreitender Begehren und Erwartungen angenehm reduziert: »Denn das Paradigma der Ansteckung, durch das Infektiosität als soziales Verhältnis etabliert wird, ermöglicht es den Subjekten, aus der dekretierten Leere eine ›Fülle‹ zu machen«, so schreibt die Literaturwissenschaftlerin Bernadette Grubner in ihrem Essay über »Viruslust«. »Die Mangelerfahrung, die man durch die Schließung von Orten des sozialen Miteinanders und den Verzicht auf Treffen im Privaten macht, kann aufgewogen werden durch Verhaltensweisen, die uneingeschränkt richtig sind, die nicht mehr gegen andere Umgangs- und Vorgehensweisen abgewogen werden müssen.«[10]

So gesehen zeugt die Einhaltung der Distanz, wie sie in Zeiten viraler Bedrohung auferlegt wird, gerade nicht von einem Verlust, sondern umgekehrt von einem Gewinn: »Das ist das Attraktionspotenzial der ›neuen‹ Solidarität, die sich durch Kontaktlosigkeit realisiert. Dabei erspart sie den inneren Konflikt, den jede Beziehung in sich birgt. Jeder Kontakt mit einer oder einem anderen bedeutet auch die Konfrontation mit dem, was an der Andersartigkeit abstößt oder ängstigt. Bezeichnungen erfordern stets den psychischen Aufwand, dieses Abgestoßensein durch den Wunsch nach Nähe zu überwinden.«[11]

Worum es im Kern geht, ist die Eliminierung verunsichernder Ambivalenz. Vor diesem Hintergrund ist auch der US-amerikanische Trend der sogenannten *love contracts* höchst aufschlussreich. Gemeint sind damit Versuche, das Unübersichtliche, Schillernde der erotischen Beziehung auch über das Gesetzliche hinaus durch Verträge zu regeln und damit zu vereindeutigen: Wie oft findet Geschlechtsverkehr statt? In welchem Rhythmus muss man sich wechselseitig den Satz »Ich liebe dich« sagen? Wie wird Haus- und Erziehungsarbeit aufgeteilt? Alle Details werden schriftlich festgehalten, um sich gegebenenfalls darauf berufen zu können.[12]

In ihrem Buch »Die neue Liebesordnung« beschäftigt sich die Soziologin Eva Illouz mit diesem neuen Wunsch nach Regulierung, den sie an dem weltumspannenden Hype um den sadomasochistischen Roman »Fifty Shades of Grey« (2011) festmacht.[13] Der Roman der US-amerikanischen Autorin E. L. James avancierte binnen kürzester Zeit zu einem Weltbestseller; erzählt wird die Liebesgeschichte zwischen der jungen Anastasia Steele und Christian Grey, einem mächtigen, charismatischen Sadisten. Das Liebesspiel der beiden wird dabei durch einen peniblen Vertrag genau geregelt, der eindeutige Positionen, Funktionen und Grenzen zuweist. Den entscheidenden Grund für dieses Regulierungsverlangen erkennt Illouz nun in jenen Effekten der Liberalisierung, wie sie aus der sexuellen Revolution selbst hervorgegangen sind: Allgemeine Regeln der Form, etwa der Höflichkeit, wurden als bürgerlich diffamiert und genauso außer Kraft gesetzt wie die Gültigkeit klar definierter geschlechtlicher Rollen: Der »Autonomiegewinn der Sexualität« habe »das Feld der emotionalen Interaktionen hochgradig verunsichert«[14]. Also brauche es, wenn der freie Markt der Körper so nicht funktioniert, Gesetze und Regeln, die das Diffizile, Widersprüchliche des Sexuellen wieder formalisieren. Den Erfolg von »Fifty Shades of Grey« führt Illouz auf genau diese Sehnsucht nach Klarheit zurück.

Doch so plausibel diese Analyse ist, lässt sie normativ Fragen offen: War die sexuelle Revolution also ein Fehler? Wollen wir zurück zu einer Geschlechterordnung, die auf strengen Anstandsregeln beruht?

Umso interessanter ist vor diesem Hintergrund ein Begriff, der, jenseits einer Verwahrlosung der Sitten auf der einen Seite und reinem Formalismus auf der anderen, auf etwas Drittes verweist. Nämlich auf das Gefühl für das in einer bestimmten Situation mit einem bestimmten Menschen Gebotene. Dieses Gefühl ist weder durch eine Regel diktiert noch gänzlich willkürlich. Gemeint ist: der Takt.

FEINSTE VIBRATIONEN:
PLESSNERS PLÄDOYER FÜR DEN TAKT

Das lateinische *tactus* meint zu Deutsch: Berührung, Stoß. In der Taktilität ist diese Bedeutung sichtbar enthalten. Das Taktgefühl ist das Fein- oder auch Fingerspitzengefühl. In seinem Buch »Grenzen der Gemeinschaft« widmet der Soziologe Helmuth Plessner diesem Gefühl ein ganzes Kapitel. Im Zentrum steht dabei die Frage, wie im gesellschaftlichen Verkehr das richtige Verhältnis von Nähe und Distanz zu finden sei. Der Formalismus von Anstandsregeln, so Plessner, ist keine Lösung, weil er das Besondere der Situation und des Gegenübers nicht zu erfassen vermag, also schlicht unpersönlich, künstlich und kalt ist: »Nun erleichtert eine Etikette des Salons die Bewältigung dieser Probleme, indem sie wenigstens den *faux pas* unwahrscheinlich macht. Kommt jedoch nicht der sichere Takt hinzu, der jeden Menschen auf individuelle Weise zu nehmen und gewissermaßen im Dunkeln seinen Weg zu finden weiß, so hat man das öde Salonlöwentum, jenen wie geschmiert gehenden Formalismus von Tadellosigkeit und Unterhaltung, mit dem die Menschen des kleinsten Formates Leute gleichen Schlages zu bluffen pflegen.«[15]

Ganz anders dagegen der Takt, der an die Stelle der bloßen Regelbefolgung die Sensibilität setzt: »Takt ist das Vermögen der Wahrnehmung unwägbarer Verschiedenheiten, die Fähigkeit, jene unübersetzbare Sprache der Erscheinungen zu begreifen, welche die Situation, die Personen ohne Worte in ihrer Konstellation, in ihrem Benehmen, ihrer Physiognomie nach unergründlichen Symbolen des Lebens reden. Takt ist die Bereitschaft, auf diese feinsten Vibrationen der Umwelt anzusprechen, die willige Geöffnetheit, andere zu sehen und sich selber dabei aus dem Blickfeld auszuschalten, andere nach ihrem Maßstab und nicht dem eigenen zu messen. Takt ist der ewig wache Respekt vor der anderen Seele und damit die erste und letzte Tugend des menschlichen Herzens.«[16] Kurzum: Das Taktgefühl ist ein Gefühl für Nuancen, für feinste Schwingungen in der Atmosphäre, die Kunst »außerrationaler, unmerklicher Vorfühlung (…) unter sorgfältiger Innehaltung der Distanz«[17], so Plessner.

Diese hochsensible »Fernfühlung, Ferntastung unmerklicher, aber aufschlußreicher Dinge im dauernden Umschwung der Lagen«[18] steht der Rigidität von Gesetzen genauso gegenüber wie der brutalen Eindeutigkeit des Authentischen, Echten. Wer im öffentlichen Verkehr nur er selbst sein will, macht nicht nur sich angreifbar, sondern verletzt nur allzu leicht auch andere, wie der Soziologe ausführt.

Um diesen Gedanken auf heutige Debatten zu übertragen: Dass Plessner für taktlose ›alte weiße Männer‹, die nur ihrem unverfälschten, sexuellen Verlangen gehorchen, mithin wohl wenig übriggehabt hätte, steht außer Zweifel. Doch auch zeitgenössischen identitätspolitischen Belangen sowie regulativen Einhegungen geschlechtlicher Interaktionen hätte Plessner, so legen die folgenden Zeilen nahe, zutiefst ablehnend gegenübergestanden: »Purismus, Rigorismus und Weltfeindlichkeit der sittlichen Prinzipien, Sittengesetzfanatismus und Eindeutigkeitsverehrung, pharisäische Pathetik der unbedingten Echtheit im Ausdruck und ausschließliches Geltenlassen der Schrankenlosigkeit – alles Symptome der gleichen Geisteshaltung des gehetzten und nichts so sehr als die Unwesentlichkeit verachtenden Maschinenmenschen.«[19]

Dennoch will Plessner auch den taktvollen Menschen keinesfalls als grundgut verstanden wissen. Wenn er vom »menschlichen Herzen« spricht, tut er dies ohne jede Verklärung, sondern mit einem klaren Bewusstsein für die Ambivalenz der Innerlichkeit. In diesem Sinn weist Plessner ganz ausdrücklich auf das Heikle, Gefahrvolle und Unberechenbare hin, das der menschlichen Begegnung als solcher innewohnt: »Auch das Herz, die Innerlichkeit verlangt Distanz, Klugheit, Kampf. Jede Schicht unseres Wesens ruft nach Spiel und Gefahr.«[20]

Plessners Schrift liest sich wie ein Appell, diese grundsätzliche Ambivalenz des Sozialen, die das Zwischenmenschliche so kompliziert macht, nicht zu tilgen, sondern in einer Kultur des Umgangs aufzuheben. Das Heikle einer Situation einfach zu bannen, indem es umgangen, totgeschwiegen, ignoriert oder schlicht verboten wird, tötet Gefahr und Spiel und damit die Lebendigkeit der Begegnung, aus der das Risiko nicht wegzudenken ist. Ganz anders dagegen die Kunst des Takts: Wer Feingefühl besitzt, nimmt das Heikle sehr genau wahr und in sich auf, erkennt den Ernst der Lage und vermag ihr gerade deshalb mit Leichtigkeit zu begegnen. Dass die Sache trotzdem schiefgeht, ist freilich nicht ausgeschlossen.

WAS IST ZUMUTBAR?

Es ist diese Unwägbarkeit des Sozialen, die das spätmoderne Sicherheitsbedürfnis tief verunsichert: Je empfindsamer der Mensch für Gewalt, Leid, Tod wird, desto größer das Begehren, diese Gefahren verlässlich zu bannen. Je sensibler eine Gesellschaft, desto lauter der Ruf nach einem schützenden Staat.

Womit wir abschließend bei der wesentlichen Frage angelangt wären, was wir einander in einer freien Gesellschaft zumuten müssen – und was nicht. Werden wir unzumutbar sensibel? Oder liegt die Zumutung umgekehrt darin, dass strukturelles Leid als individuelle Empfindlichkeit diffamiert wird? Hier eine Antwort mit Alexis de Tocqueville.

X: SCHLUSS

DAS TOCQUEVILLE-PARADOX

Je gleichberechtigter Gesellschaften sind, desto sensibilisierter werden sie für noch bestehende Ungerechtigkeiten und damit verbundene Verletzungen. Das besagt das sogenannte »Tocqueville-Paradox«, ein Begriff aus der Soziologie, der sich auf den Philosophen Alexis de Tocqueville bezieht. Bereits in der ersten Hälfte des 19. Jahrhunderts hatte Tocqueville mit Blick auf die Demokratie in Amerika festgestellt, dass die zunehmende Angleichung der Lebensverhältnisse und Rechte dazu führt, dass die Empfindlichkeit für Differenzen zunimmt: »Da jeder sieht, wie wenig er sich von seinem Nachbarn unterscheidet, begreift er kaum, wieso die Vorschrift, die auf einen Menschen anwendbar ist, nicht ebenso auf alle anderen anwendbar sein soll«, so schreibt der französische Philosoph adeliger Abstammung in seinem Werk »Über die Demokratie in Amerika« (1835–1840), nachdem er ein Jahr in den Vereinigten Staaten verbracht hat. »Sein Verstand nimmt daher an den geringsten Vorrechten Anstoß. Die kleinsten Unterschiede in den politischen Institutionen des Volkes verletzen ihn, er hält die Einheitlichkeit der Gesetzgebung für die Grundbedingung einer guten Regierung.«[1] Noch pointierter wird Tocqueville, wenn er schreibt: »Der Haß der Menschen gegen das Privileg wird um so größer, je seltener und unbedeutender die Privilegien werden, so daß man zu sagen versucht ist: die demokratischen

Leidenschaften entbrennen in den Zeiten besonders heftig, in denen sie am wenigsten Nahrung finden. (…) Sind alle gesellschaftlichen Bedingungen ungleich, so verletzt keine noch so große Ungleichheit den Blick des Betrachters; inmitten allseitiger Gleichförmigkeit dagegen wirkt die kleinste Verschiedenheit anstößig. Der Anblick wird um so unerträglicher, je weiter die Gleichförmigkeit fortgeschritten ist.«[2]

Es liegt nahe, das Tocqueville-Paradox auch auf unsere Zeit zu übertragen, in der einerseits die rechtliche Gleichstellung von Ethnien und Geschlechtern zugenommen hat, zugleich aber auch die Sensibilität für Differenzen verglichen mit dem 19. Jahrhundert in beträchtlichem Maß verfeinert wurde. Und es stellt sich die Frage, ob bei fortschreitender Angleichung der Verhältnisse jemals ein Punkt erreicht sein kann, an dem sich niemand mehr strukturell benachteiligt oder verletzt fühlt – oder ob umgekehrt die Empfindlichkeit in dem Maße zunimmt, in dem ebendiese Strukturen verschwinden. Unbestritten ist zunehmende Gleichheit ein Fortschritt. Doch wenn die Sensibilität umso mehr steigt, je stärker handfeste Benachteiligungen abnehmen, dann führt die Entwicklung, die wir gerade erleben, logischerweise nie ans Ziel, sondern bringt beständig neues Ungerechtigkeitsempfinden hervor. Überspitzt formuliert: Jede abgeschaffte Struktur gebiert neue Strukturen, jede Sensibilität neue Sensibilitäten. Erleben wir menschheitsgeschichtlich gerade den Beginn einer Phase, in der das sensible Selbst droht, sich früher oder später nur noch um die eigene Achse zu drehen?

Nun würde man Tocqueville allerdings missverstehen, hielte man ihn aufgrund seiner adeligen Herkunft für einen harten Libertären, der nur um seine Privilegien fürchtete und blind gewesen wäre für bestehendes Unrecht. Ihm lag auch

nichts daran, berechtigte Empörung über Unterdrückungs-
verhältnisse als bloße Empfindlichkeit abzutun. Im Gegenteil
besaß der Philosoph einen scharfen Blick für die Macht der
Mehrheit, die in Tyrannei auszuarten und selbst zugebilligte
Rechte zu untergraben vermag. So berichtet Tocqueville in
einer Fußnote von dieser Begebenheit: Er, Tocqueville, habe
einmal einen »Bürger von Pennsylvanien« gefragt, »warum in
einem Staat, der von den Quäkern gegründet und der bekannt
ist für seine Toleranz«, die schwarzen Mitbürger, die ja immerhin auch Steuern zahlten, nicht zur Wahl zugelassen seien.
»›Bitte, beleidigen Sie uns nicht durch die Annahme‹, antwor-
tete mein Mann, ›unsere Gesetzgeber würden einen so groben
Akt der Ungerechtigkeit und Intoleranz begangen haben.‹
›So haben also bei Ihnen die Schwarzen das Wahlrecht?‹ ›Ohne
jeden Zweifel.‹« Aber, so habe Tocqueville daraufhin zurück-
gefragt: Warum dann »heute morgen unter der Wählerschaft«
nicht ein einziger Schwarzer gewesen sei? »›Das ist nicht die
Schuld der Gesetze‹, sagte mir der Amerikaner«, die Schwarzen hätten »›schon das Recht, sich an der Wahl zu beteiligen,
aber sie sehen freiwillig davon ab, dort zu erscheinen.‹ ›Das ist
aber eigentlich ziemlich bescheiden von ihnen.‹ ›Oh, nicht
daß sie sich etwa weigerten, dorthin zu gehen, aber sie haben
Angst, daß man sie mißhandelt. Es kommt nämlich bei uns
manchmal vor, daß ein Gesetz sich nicht auswirken kann, weil
die Mehrheit es nicht unterstützt.‹« Und die Mehrheit, habe
der Amerikaner ergänzt, hätten nun einmal »die größten Vor-
urteile« gegen Schwarze, »›und die Justiz ist nicht imstande,
ihnen die Rechte zu gewährleisten, die ihnen der Gesetzgeber
zugestanden hat.‹ ›Wie? Die Mehrheit, die das Vorrecht hat,
das Gesetz zu erlassen, will auch noch das Vorrecht haben,
ihm nicht zu gehorchen?‹«[3]

Dass Menschen gleiche Rechte haben, heißt noch lange nicht, dass sie diese Rechte auch gleich nutzen können respektive gleich durch diese geschützt wären. Wie aktuell und dringlich diese Einsicht Tocquevilles aus dem Jahr 1835 bis heute ist, zeigt die anhaltende überproportionale Benachteiligung ethnischer Minderheiten bei der Ausübung ihres Wahlrechts in vielen Bundesstaaten der USA (etwa durch geschlossene Wahllokale in ärmeren Stadtvierteln, hohe formale Hürden etc.).

STRUKTUR UND INDIVIDUUM

Tocquevilles Lehre besteht darin, für beides die Wahrnehmung zu schärfen: einerseits strukturelle Diskriminierung (trotz gleicher Rechte) klar zu erkennen und zu benennen, aber andererseits auch zu sehen, dass es eine sich selbst perpetuierende Dynamik der Empfindlichkeit gibt, die sich gerade an der zunehmenden Gleichheit entzündet.

Um was für eine Dynamik aber handelt es sich nun genau? Tocqueville spricht, wenn er sie beschreibt, von ›unbedeutenden Privilegien‹ und ›kleinsten Verschiedenheiten‹, und man spürt sofort, wie heikel dieser Punkt ist – berührt er doch die Frage, die ganz am Beginn dieses Buches formuliert wurde: Wann muss die Gesellschaft sich ändern, weil ihre Strukturen schlicht ungerecht sind – und wann muss das Individuum an sich arbeiten, weil es die Chancen, die es doch eigentlich hätte, nicht nutzt? Brauchen wir gesetzlich verankerte Frauenquoten oder geht es eher darum, Frauen zu ermutigen und zu ermächtigen, ihre Wünsche zu verwirklichen, und zwar auch gegen Druck und Widerstände?

Die Grenze zwischen gesellschaftlicher und individueller Verantwortung ist heute in vielen Fällen nur schwer zu ziehen; vielmehr wird sie, je stärker eine Gesellschaft auf Chancengleichheit setzt, immer fließender, wodurch auch der Begriff des Privilegs sich verwässert: Wo hört das Vorrecht auf, wo fängt die Eigenleistung an?

Um Tocquevilles Beispiel des neidischen Nachbarn auf die Gegenwart zu übertragen: Wenn die Nachbarin beruflich mehr Erfolg hat und ihr Leben insgesamt stärker nach eigenen Wünschen und Vorstellungen einzurichten vermochte, mag das an handfesten sozialen Vorteilen liegen wie etwa einer gehobenen Herkunft, die Spielräume ermöglicht und Menschen tendenziell selbstbewusster in die Welt stellt. Vielleicht aber hat die Nachbarin auch massive äußere und innere Widerstände überwunden. Möglicherweise hat sie sich mit wirkmächtigen Weiblichkeitsbildern auseinandergesetzt, die Frauen nach der Geburt des ersten Kindes oft wie von Zauberhand im Privatraum verschwinden lassen. Unter Umständen hat sie vielfach sexistische Situationen erlebt, aber sich nicht davon einschüchtern lassen. Eventuell hat die Nachbarin in einer Therapie eigene Kindheitstraumata durchgearbeitet und so psychische Stabilität erlangt, während man selbst die Kraft für eine solche Auseinandersetzung nie aufgebracht hat und nun *alle* Schuld in gesellschaftlichen, gar patriarchalen Strukturen sucht. Zugespitzt formuliert: Die Sensibilität für Differenz, der Verweis auf »Strukturen«, kann auch ein Ablenkungsmanöver sein. Noch zugespitzter: Nicht jede Ungleichheit ist ungerecht und privilegienbehaftet. Es gibt Ungleichheiten, die aus eigener Anstrengung – respektive deren Unterlassung – resultieren.

Ein überzeugter Egalitarist wird an dieser Stelle natürlich

Einspruch erheben: Was, so fragt er, heißt schon ›eigene Anstrengung‹? Können nicht auch Eigenleistungen Privilegien sein? Nämlich insofern, als eine bestimmte Gabe, wie das Wort schon sagt, gegeben ist, also von außen kommt – und eben gerade nicht aus dem Individuum selbst? Körperkraft oder Intelligenz sind aus dieser Sicht eben gerade nicht im strengen Sinn eine Eigenleistung. Radikal egalitaristisch betrachtet ist eine Leistungsgesellschaft mithin notwendigerweise ungerecht, nämlich insofern, als sie auf Fähigkeiten beruht, die der eine ausgeprägt besitzt, die andere nicht. Und ja, es stimmt: Zu glauben, dass Leistung und Erfolg rein aus eigener Anstrengung resultieren und nicht auch dem Zufall (der Gene, des Aussehens, des Geburtsortes etc.) zu verdanken sind, ist schlicht naiv.

Aber was genau folgt daraus? Dass Leistung keine Rolle spielen darf und wir von den Individuen gar nichts mehr erwarten, sondern nur noch von der Gesellschaft? Diese Schlussfolgerung wiederum wäre auf gefährliche Weise entmündigend und infantilisierend, ja mehr noch, in Ansätzen sogar totalitär. Strukturen würden dann nicht mehr aus Individuen bestehen, die in der Lage sind, sie aus eigener Kraft zu verändern, sondern Strukturen wären vorgegeben und verordnet, die Menschen darin nicht mehr als Glieder einer Kette. Der Gerechtigkeitstheoretiker John Rawls hat die bislang klügste Lösung für das genannte Problem gefunden. Vereinfacht gesagt lautet sie: Ungleichheiten sind nur dann gerechtfertigt, wenn sie der Gesamtgesellschaft zugute kommen. Utilitaristisch formuliert: Das oberste Prinzip ist das Glück der größtmöglichen Zahl. Was konkret heißt, dass Menschen sich nicht auf Kosten anderer bereichern dürfen und die, die besser verdienen als andere, mehr zum Gemeinwohl beitragen müssen.[4]

Kommen wir nun noch einmal auf die erwähnte Nachbarin zurück, die durch Anstrengung und Widerstandskraft in eine geglückte Existenz finden konnte: Die Fähigkeiten, von denen hier die Rede ist, liegen sicher ebenfalls nicht vollständig im Bereich der eigenen Verfügbarkeit. Schwerste Brüche und Hindernisse in Energie zu transformieren fällt manchen leichter, manchen schwerer, ist den einen mehr gegeben als anderen. Aus dieser Verschiedenheit kann eine Gesellschaft, der es um Gerechtigkeit geht, doch aber nur eines folgern: Dass sie umso mehr unternimmt, um möglichst *allen* Menschen zu dieser Kraft zu verhelfen. Vulnerabilität ist eine Daseinsstruktur. Sie ist aus der menschlichen Existenz genauso wenig wegzudenken wie reale Verletzungserfahrungen. So gerecht eine Gesellschaft ist, vor Schicksalsschlägen oder wie auch immer gearteter Gewalt wird sie uns nie vollumfänglich schützen können; zumindest dann nicht, wenn wir nach wie vor in Freiheit leben möchten.

Und auch die Ungleichheit wird nicht verschwinden. Menschen werden verschieden geboren. Die einen können schwanger werden, die anderen können Kinder zeugen; um nur ein Beispiel zu nennen. Eine Gesellschaft kann aber dafür sorgen, dass diese Ungleichheit nicht in Ungerechtigkeit mündet. So hat sie etwa zu verhindern, dass aus schwangerschaftsbedingter Abwesenheit ein beruflicher Nachteil erwächst. Zudem kann sie Individuen stärken und befähigen, damit diese die bereitgestellten Möglichkeiten auch zu nutzen verstehen (so sie es denn wollen). Was eine Gesellschaft jedoch weder kann, noch darf, ist anstelle der Individuen zu handeln. Es gibt den unausweichlichen Punkt, an dem ein Mensch selbst zur Tat schreiten und für das eigene Leben Verantwortung übernehmen muss. Tut er es nicht, bleibt er ein Kind.

DER ZWEIFACHE BLICK

In diesem Buch habe ich versucht, im tocquevilleschem Sinn einen zweifachen Blick auf die gesellschaftlichen Sensibilisierungsprozesse zu werfen. Gezeigt wurde, dass die Sensibilisierung für existierende Unwuchten den zivilisatorischen Fortschritt und den Kampf um Rechte auf vielfältige Weise vorangetrieben hat. Niemals wären Opfer als solche anerkannt worden, niemals Frauen mit Männern, niemals homosexuelle Paare mit heterosexuellen Paaren rechtlich gleichgestellt und auch niemals eine weltumspannende Bewegung wie Black Lives Matter entstanden, wären Menschen nicht mit benachteiligten Gruppen empathisch gewesen, hätten sich in deren Situation – so weit wie möglich – eingefühlt, sich mit ihnen solidarisiert, sie in ihrem Mut bestärkt. Die Literatur der Empfindsamkeit begünstigte die gesellschaftlichen Emanzipationskämpfe, indem sie ein breites Publikum für andere Perspektiven sensibilisierte. Weibliche Schicksale wurden durch die fiktionale Ich-Perspektive in den Romanen Samuel Richardsons und Jean-Jacques Rousseaus (eingedenk der analysierten Ambivalenz, die der männliche Blick mit sich bringt) erstmals für eine große Leserschaft erfahrbar. Dass in der Aufwertung des Erzählens tatsächlich ein entscheidender Sensibilisierungsschub liegt, zeigt sich auch in der therapeutischen Praxis des ausgehenden 19. und beginnenden 20. Jahrhunderts: Auf Sigmund Freuds Couch verliehen Kriegsopfer dem Trauma eine Sprache. Ungefähr zeitgleich erfolgte eine Sensibilisierung für das Zeichensystem als solches, das, so die Erkenntnis des *linguistic turn*, die Welt nicht einfach abbildet, sondern sie als hierarchisch angeordnete hervorbringt. Später arbeiteten poststrukturalistische Diskurs- und Zeichentheorien präzise heraus, inwiefern die Sprache aufgrund ihrer performativen Kraft selbst vernichtendes Gewaltpotenzial besitzt.

Die zeitgenössische Sprachempfindlichkeit als mimosenhaftes »Mimimi« abzutun, greift daher entschieden zu kurz. Vielmehr resultiert diese Sensibilität aus einer langen geistesgeschichtlichen Tradition, die das Denken, das Selbst- und Weltverhältnis unauflöslich an die Sprache und die Verwandlung von zuvor Unsagbarem in Sagbares knüpft. Offene, mutige Bekundungen eines am eigenen Leibe erfahrenen Leides können geteiltes, anerkanntes Leid werden und so zu gesellschaftlichen Transformationen führen. Insofern waren und sind es gerade die Betroffenen selbst – und keine Fürsprecher –, die Veränderungsprozesse antreiben: Indem ihre Stimmen hörbar werden, erweitern und verschärfen sich die Perspektiven auf die soziale Realität.

Doch ist Sensibilität nicht gleichbedeutend mit Progressivität. Vielmehr kann die Sensibilität in Regressivität zurückschlagen, wenn sie verabsolutiert und glorifiziert wird. Und so hat sich dieses Buch zum Ziel gesetzt, auch ihre Kehrseite herauszuarbeiten. Dass Empathie Gewalt nicht nur verhindert, sondern auch begünstigen kann, gehört zur tiefen Zwiespältigkeit der Sensibilität. Mitgefühl ist noch keine Moral; Humes und Rousseaus Glaube an die von Natur aus gute Sensibilität wird durch Sade scharfsinnig pervertiert.

Zur Schieflage des Sensibilisierungsprozesses entscheidend beigetragen hat die inhaltliche Ausdehnung und inflationäre Verbreitung des Traumabegriffs seit den 1970er Jahren. Verstärkt werden Leidensgründe in einem unzumutbaren Außen gesucht, vor dem es das sensible Subjekt zu bewahren gilt. Hatte Freud in der Analyse an den urgeschichtlichen Lebensdrang angeknüpft, um Opfer im Zuge der Durcharbeitung aus fremdverschuldeter Ohnmacht zu befreien, geriet eine solche Mobilisierung von Abwehrkräften, die sich gerade im Augenblick größter Todesangst entbinden, durch eine einseitige Fixierung auf das Krankheitsbild der posttraumatischen Belastungsstörung aus dem Blick.

Das Phänomen der Hochsensibilität kann als Zuspitzung eines Prozesses gelesen werden, der die Betroffenen auf Sicherheitszonen verweist, um sie so vor Überreizung zu schützen. Gemeinsames politisches Handeln und Debattieren werden schwer, wenn Menschen zu stark ausgeprägte Sensibilitäten entwickeln. Auch das System der Sprache verliert seine Verbindlichkeit, wenn jede Geschlechtsidentität gleichberechtigt repräsentiert werden soll. Dass die Logik des Allgemeinen von einer Logik des Singulären abgelöst wird, ist ein wesentlicher Grund für die Zunahme der Empfindlichkeit: Durch die Entledigung von Formen und die Fokussierung auf das wahre Sein, so Robert Pfaller, »spüren wir plötzlich auch alle anderen auf der eigenen Haut«[5].

Formen sind in ihrer Allgemeinverbindlichkeit nicht einfach Entfremdungseffekte, sondern bergen selbst eine Schutzfunktion: Das Private, Intime tritt zurück und damit auch das Verwundungsrisiko. Vor diesem Hintergrund erscheint auch die Verwendung des generischen Maskulinums in einem anderen Licht: Gerade die grammatikalische Geschlechtsunabhängigkeit der Bezeichnung ist es, die von der »Tyrannei der Intimität« (Richard Sennett) befreit und Raum gibt für ein überschreitendes, befreiendes Spiel der Inszenierungen. Gewiss: Marginalisierte Gruppen müssen sich nolens volens als Gruppe benennen, um auf bestehende Ungerechtigkeiten hinzuweisen. Doch genauso richtig ist, dass eine gerechte Gesellschaft zur Voraussetzung hat, dass Menschen sich nicht in ihre

Partikularinteressen einschließen. Vielmehr geht es darum, qua imaginativer Kraft ganz andere Perspektiven zu übernehmen.[6] Genau das besagt der berühmte »Schleier des Nichtwissens« in der Gerechtigkeitstheorie von John Rawls: Was wäre, wenn wir gar nicht wüssten, zu welcher Gruppe wir gehören? Wenn wir uns alle in einer Art Urzustand befänden, in dem Fähigkeiten wie Intelligenz oder Eigenschaften wie Hautfarbe oder sozialer Status noch nicht in uns eingeschrieben wären und wir mithin nicht vorhersehen können, welchen Platz im Gesamtgefüge wir einst einnehmen werden? Dann wären wir gezwungen uns vorzustellen, wie es als Mann, Frau, Transgender, Schwarzer etc. wäre, in einer Gesellschaft zu leben – und würden dafür kämpfen, dass alle zu ihrem Recht kommen.

Besieht man sich die Debatten der jüngeren Zeit, fällt indes auf, dass gerade umgekehrt auf klaren Einfühlungsgrenzen beharrt wird. Zwar ist richtig, dass niemand wissen kann, wie es ist, ein anderer zu sein; und zutreffend ist auch, dass es bei jenen, die mit bestimmten Formen von Diskriminierung nicht konfrontiert sind, oft am Willen mangelt, sich in die Lage anderer hineinzuversetzen. Daraus aber zu schlussfolgern, dass nur eine schwarze junge Frau eine schwarze junge Frau übersetzen kann, weil nur sie über die gleiche Erfahrungswelt verfügt, dreht die von Adorno über Rawls bis Butler vertretene Forderung, das Nicht-Identische gegen das Identische stark zu machen, buchstäblich zurück: Als gut gilt das Gleiche, Identische, der »Jargon der Eigentlichkeit« (Adorno). Differenz hingegen gilt als gefährlich. Umso bedenklicher ist, dass Institutionen – Verlage, Universitäten, Medien – diesen Tendenzen nahezu widerstandslos nachgeben, und sei es aus ehrenwerten Motiven.

Wird die Sensibilität verabsolutiert, führt sie zu einem problematischen Menschenbild. Wenn Wörter mit Verletzungsrisiko weiträumig zu umgehen respektive vollkommen kontextunabhängig zu tilgen sind; wenn Ausstellungen, in denen Motive mit negativem Assoziationspotenzial zu sehen wären, nicht stattfinden können; wenn Menschen ihre Arbeit verlieren, weil sie sich angeblich verletzend geäußert haben, dann sind Freiheit und Autonomie in Gefahr. Überspitzt formuliert: Der Mensch droht zu einer offenen Wunde zu werden, die vor jedem Infektionsrisiko zu schützen ist. Der Ruf nach institutioneller und staatlicher Kontrolle wird entsprechend lauter. Damit wäre das andere Extrem des Unzumutbaren benannt: Dem ignoranten, reaktionären *Political-Correctness*-Polemiker auf der einen Seite entspricht auf der anderen ein sensibles Selbst, das allen Schutz von der Welt erwartet, von sich selbst hingegen: nichts.

DAS NEUE BÜNDNIS

Tocqueville hat die Mehrheitsgesellschaft hellsichtig dazu aufgefordert, sich der eigenen Privilegien bewusst zu werden und die Wahrnehmung für bestehende Unwuchten, und seien sie noch so subtil, zu schärfen. Wenn es aber auf der anderen Seite stimmt, dass zunehmende Gleichheit zunehmende Empfindlichkeit hervorbringt, wie der Philosoph ebenfalls zeigte, dann kann sich eine funktionsfähige Gesellschaft nicht in der Aufgabe erschöpfen, Verletzungen zu vermeiden. Genauso fundamental muss die gezielte Stärkung von Widerstandskraft sein, die wesentlich ist für die Ausübung von Autonomie. Diese Kraft nicht ihrerseits zu verabsolutieren, sondern sie vielmehr aus dem Prozess der Sensibilisierung selbst herauszuarbeiten, war ein Kernanliegen dieses Buches: Sie wohnt in der Kunst, der menschlichen Schaffenslust. Sie wohnt in den Formen, dem Scheitern der Repräsentation. Sie wohnt in der archaischen Vorgeschichte, die der Zivilisationsprozess in sich trägt. Sie wohnt in der Verletzlichkeit jedes Menschen und ist ein Schatz, der gehoben werden will. Die Resilienz ist nicht die Feindin, sondern die Schwester der Sensibilität. Die Zukunft meistern können sie nur gemeinsam.

DANK

Ich danke Lia Nordmann für die Unterstützung bei der Literaturbeschaffung, Michael Gaeb für die Vermittlung an Klett-Cotta, Tom Kraushaar für das Vertrauen und die wertvollen Anmerkungen, Sabrina Keim für das – im besten Sinn – sensible Lektorat. Dominik Erhard, Nils Markwardt und Theresa Schouwink, meinen Kollegen beim Philosophie Magazin, danke ich für den steten Quell der Inspiration und den konstruktiven Streit; Vieles davon ist in dieses Buch eingeflossen.

Elisabeth Fink danke ich für intensiven, bereichernden Austausch und grundlegende Impulse, insbesondere zu den Freud-Kapiteln.

Florian Werner danke ich für alles.

Gewidmet ist dieses Buch Carsjen van Schwartzenberg, der immer da war.

ANMERKUNGEN

EINLEITUNG

1 Vgl. Baasner: Sensibilité.

2 Vgl. ebd.

3 Vgl. ebd.

4 Elias: Über den Prozeß der Zivilisation. Band 2, S. 324.

5 Theweleit: Männerphantasien, S. 1211.

6 Ebd., S. 48.

7 Simmel: Die Großstädte und das Geistesleben, S. 19.

8 Valéry: Bilanz der Intelligenz, S. 118.

9 Zum Verhältnis von Überreizung und Abstumpfung vgl. auch Liebsch: Ästhetisch, ethisch und politisch sensibilisierte Vernunft?, S. 16 ff.

10 Butler: Verletzungen bilden gesellschaftliche Strukturen ab, S. 62.

11 Reckwitz: Dialektik der Sensibilität, S. 60/61.

12 Vgl. Pinker: Gewalt, S. 582 ff.

13 Vgl. Reckwitz: Gesellschaft der Singularitäten.

14 Vgl. Rosa: Resonanz.

I: PROZESS DER SENSIBILISIERUNG

1 Vgl. Elias: Über den Prozeß der Zivilisation. Band 1, S. 160 ff.

2 Vgl. ebd., S. 175.

3 Vgl. ebd., S. 316.

4 Ebd., S. 382.

5 Ebd., S. 384.

6 Zitiert nach ebd., S. 336.

7 Vgl. ebd., S. 360.

8 Zitiert nach ebd., S. 363.

9 Elias: Über den Prozeß der Zivilisation. Band 2, S. 323.

10 Elias: Über den Prozeß der Zivilisation. Band 2, S. 408.

11 Ebd., S. 376.

12 Vgl. Baasner: Sensibilité.

13 Elias: Über den Prozeß der Zivilisation. Band 2, S. 415

14 Ebd., S. 458.

15 Ebd., S. 464.

16 Ebd., S. 416.

17 Sennett: Verfall und Ende des öffentlichen Lebens, S. 18.

18 Ebd., S. 19.

19 Pfaller: Die blitzenden Waffen, S. 40.

II: DIE KRAFT DER WUNDE

1 Das ›M-Wort‹ steht für ›Mohr‹.

2 Nietzsche: Ecce Homo, S. 267.

3 Lévinas: Zwischen uns, S. 133.

4 Lévinas: Jenseits des Seins oder anders als Sein geschieht, S. 50.

5 Ebd., S. 129–130.

6 Nietzsche: Ecce Homo, S. 266.

7 Ebd., S. 291.

8 Nietzsche: Menschliches, Allzumenschliches, S. 70.

9 Nietzsche: Ecce homo, S. 274.

10 Nietzsche: Unzeitgemäße Betrachtungen II, S. 251.

11 Vgl. Dell'Eva/Schmidt: Im falschen Körper?

12 Nietzsche: Menschliches, Allzumenschliches I, S. 70.

13 Lévinas: Jenseits des Seins oder anders als Sein geschieht, S. 51.

14 Liebsch: Menschliche Sensibilität, S. 74.

15 Vgl. Prideaux: Ich bin Dynamit, S. 235 ff.

16 Nietzsche: Ecce Homo, S. 272.

17 Ebd.

18 Ebd.

19 Nietzsche: Also sprach Zarathustra, S. 179.

20 Taleb: Antifragilität, S. 21.

21 Nietzsche: Unzeitgemäße Betrachtungen II, S. 251.

22 Vgl. Malka: Emmanuel Lévinas, S. 91.

III: DAS JAHRHUNDERT DER EMPATHIE

1 Richardson: Clarissa Harlowe, S. 426–428.

2 Hunt: Inventing Human Rights, S. 47.

3 Vgl. Hunt: Inventing Human Rights, S. 27: »Equality was not just an abstract concept or a political slogan. It had to be internalized in some fashion.« (Übersetzung von mir; SF)

4 Zitiert nach Edmonds/Eidinow: Rousseaus Hund, S. 29.

5 Hume: Ein Traktat über die menschliche Natur. Band 2, S. 49.

6 Ebd., S. 48/49.

7 Ebd., S. 48.

8 Scheler: Wesen und Formen der Sympathie, S. 25.

9 Ebd., S. 26.

10 Ebd., S. 26/27.

11 Hume: Ein Traktat über die menschliche Natur. Band 2, S. 212.

12 Ebd., S. 212/213.

13 Ebd., S. 218.

14 Rousseau: Abhandlung über den Ursprung und die Grundlagen der Ungleichheit unter den Menschen, S. 62.

15 Ebd., S. 61.

16 Ebd., S. 62.

17 Ebd., S. 64.

18 Rousseau: Rousseau richtet über Jean-Jacques, S. 420.

19 Ebd.

20 Ebd.

21 Ebd., S. 420/421.

22 Rousseau: Julie oder die neue Héloïse, S. 114.

23 Vgl. Hunt: Inventing Human Rights, S. 48: »Never have I wept such delicious tears.« (Übersetzung von mir; SF)

24 Rousseau: Abhandlung über den Ursprung und die Grundlagen der Ungleichheit unter den Menschen, S. 65.

25 Ebd., S. 64.

26 Rousseau: Émile oder über die Erziehung, S. 387 ff.

27 Ebd., S. 387.

28 Horkheimer/Adorno: Dialektik der Aufklärung, S. 92.

29 Sade: Hundertzwanzig Tage von Sodom oder die Schule der Ausschweifung. Band 1, S. 80.

30 Vgl. Thomas: Marquis de Sade, S. 52 ff.

31 Sade: Justine und Juliette. Band 2, S. 87–88.

32 Sade: Justine und Juliette. Band 7, S. 125.

33 Scheler: Wesen und Formen der Sympathie, S. 25.

34 Pinker: Gewalt, S. 12.

35 Breithaupt: Die dunklen Seiten der Empathie, S. 23.

IV: DIE GEWALT IN UNS

1 Freud: Zeitgemäßes über Krieg und Tod, S. 33.

2 Ebd., S. 40.

3 Ebd.

4 Ebd., S. 41.

5 Ebd.

6 Ebd., S. 46.

7 Ebd., S. 41.

8 Ebd., S. 44.

9 Ebd.

10 Ebd., S. 40.

11 Ebd., S. 45.

12 Ebd., S. 56.

13 Ebd.

14 Ebd., S. 50.

15 Ebd., S. 59.

16 Ebd., S. 59/60.

17 Ebd., S. 50.

18 Ebd., S. 35.

19 Jünger: In Stahlgewittern, S. 8.

20 Ebd.

21 Ebd., S. 9.

22 Jünger, Ernst: Kriegstagebuch IV. Zitiert nach: Schwilk: Ernst Jünger, S. 131.

23 Jünger: Der Kampf als inneres Erlebnis, S. 67.

24 Ebd., S. 36–37.

25 Ebd., S. 39–40.

26 Vgl. Schopenhauer: Die Welt als Wille und Vorstellung. Band 1, S. 151 ff.

27 Jünger: Der Kampf als inneres Erlebnis, S. 131.

28 Jünger: Über den Schmerz, S. 158.

29 Ebd., S. 148.

30 Ebd., S. 152.

31 Ebd., S. 156.

32 Ebd.

33 Ebd., S. 158.

34 Nietzsche: Zur Genealogie der Moral, S. 322.

35 Ebd., S. 323.

36 Vgl. Foucault: Überwachen und Strafen, S. 9–12.

37 Ebd., S 15.

38 Ebd., S. 19.

39 Ebd., S. 21.

40 Ebd., S. 19.

41 Han: Palliativgesellschaft, S. 15.

42 Jünger: Über den Schmerz, S. 158–159.

43 Lethen: Verhaltenslehren der Kälte, S. 199.

44 Ebd., S. 8.

45 Zitiert nach Lethen: Verhaltenslehren der Kälte, S. 55.

46 Jünger: Über den Schmerz, S. 164–165.

47 Reich: Charakteranalyse, S. 450–451.

V: TRAUMA UND TRIGGER

1 Freud: Jenseits des Lustprinzips, S. 236.

2 Ebd.

3 Ebd.

4 Ebd.

5 Ebd.

6 Ebd.

7 Ebd., S. 237.

8 Ebd., S. 239.

9 Ebd., S. 237–238.

10 Vgl. Goltermann: Opfer, S. 156.

11 Vgl. ebd., S. 27 ff.

12 Ebd., S. 182.

13 Ebd., S. 208.

14 Freud: Jenseits des Lustprinzips, S. 238.

15 Ebd.

16 Ebd., S. 239.

17 Laplanche/Pontalis: Das Vokabular der Psychoanalyse, S. 406.

18 Freud: Jenseits des Lustprinzips, S. 240.

19 Vgl. Goltermann: Opfer, S. 209 ff.

20 Ebd., S. 212.

21 Ebd., S. 209/212.

22 Lane: Shyness, S. 3.

23 Vgl. Goltermann: Opfer, S. 214.

24 Ebd.

25 Vgl. ebd., S. 215.

26 Vgl. ebd., S. 233.

27 Ebd., S. 232.

28 Han: Palliativgesellschaft, S. 7.

29 Bolz: Avantgarde der Angst, S. 66.

30 Ebd., S. 28.

31 https://www.dw.com/de/renate-k%C3%BCnast-hate-speech-interview/a-55383363 (zuletzt abgerufen am 11.01.2021).

VI: SPRACHSENSIBILITÄT

1 https://www.uni-regensburg.de/rechtsgrundlagen/medien/leitfaden-gendergerechte-sprache.pdf (zuletzt abgerufen am 09.03.2021).

2 leitfaden_vielfalt-zum-ausdruck-bringen.pdf (zuletzt abgerufen am 09.03.2021).

3 Saussure: Grundfragen der allgemeinen Sprachwissenschaft, S. 133.

4 Ebd.

5 Ebd., S. 143/144.

6 Derrida: Die différance, S. 83.

7 Derrida: Die Struktur, das Zeichen und das Spiel im Diskurs der Wissenschaften vom Menschen, S. 440.

8 Butler: Das Unbehagen der Geschlechter, S. 150.

9 Butler: Haß spricht, S. 14.

10 Ebd., S. 15.

11 Ebd., S. 14.

12 Ebd., S. 229.

13 Ebd., S. 27.

14 Ebd., S. 230.

15 Vgl. hierzu auch Stegemann: Die Öffentlichkeit und ihre Feinde, S. 158.

16 Butler: Haß spricht, S. 26–27.

17 Butler: Körper von Gewicht, S. 178.

VII: DIE GRENZEN DER EINFÜHLUNG

1 Eddo-Lodge: Warum ich mit Weißen nicht mehr über Hautfarbe spreche, S. 9.
2 Ebd.
3 Ebd., S. 10–11.
4 Ebd., S. 15.
5 Ebd., S. 99.
6 Ebd., S. 97.
7 https://www.monopol-magazin.de/proteste-gegen-das-bild-einer-weissen-kuenstlerin (zuletzt abgerufen am 04.02.2021).
8 Schlink/Schmetkamp: Die Grenzen der Einfühlung, S. 36.
9 Nagel: How Is It Like to Be a Bat?, S. 10–11.
10 Ebd., S. 13.
11 Ebd.
12 Améry: Hand an sich legen, S. 49.
13 Améry: Hitler und wir, S. 838.
14 Ebd., S. 839.
15 Ebd.
16 Ebd.
17 Ebd., S. 840.
18 Harding: Feministische Wissenschaftstheorie, S. 24.
19 Hegel: Phänomenologie des Geistes., S. 145 ff.
20 Vgl. etwa die SPIEGEL-Kolumne von Georg Diez, https://www.spiegel.de/kultur/gesellschaft/metoo-debatte-warum-ist-es-so-still-in-deutschland-kolumne-von-georg-diez-a-1180186.html (zuletzt abgerufen am 04.02.2021).
21 Nietzsche: Jenseits von Gut und Böse, S. 135–137.
22 Breithaupt: Die dunklen Seiten der Empathie, S. 47.
23 Ebd., S. 49.
24 Ebd., S. 51.
25 Schmetkamp: Theorien der Empathie zur Einführung, S. 130.
26 Ebd., S. 132.
27 Ebd., S. 133.

VIII: GESELLSCHAFT DER SENSIBILITÄTEN

1 Aron: Sind Sie hochsensibel?, S. 21–23.
2 Ebd., S. 12.
3 Ebd., S. 27.

4 Ebd., S. 31.

5 Ebd., S. 48–49.

6 Reckwitz: Gesellschaft der Singularitäten, S. 7.

7 Ebd., S. 182.

8 Ebd., S. 7.

9 Ebd., S. 59.

10 Rosa: Resonanz, S. 54.

11 Ebd., S. 55.

12 Ebd., S. 599.

13 Ebd.

14 Ebd.

15 Ebd., S. 601.

16 Ebd., S. 608.

17 Vgl. zum Ideal der Intensität auch Garcia: Das intensive Leben.

18 Rosa: Resonanz, S. 608–609.

19 Valéry: Bilanz der Intelligenz, S. 105.

20 Ebd., S. 113.

21 Ebd., S. 114.

22 Ebd., S. 118.

23 Ebd., S. 119.

24 Ebd., S. 116.

25 Ebd., S. 117.

26 Reckwitz: Die Gesellschaft der Singularitäten, S. 435.

IX: ABSTANDSREGELN

1 Vgl. Böhme: Human Touch, S. 52.

2 Böhme: Die vierte hygienische Revolution?, S. 19.

3 Vgl. von Thadden: Die berührungslose Gesellschaft, S. 97.

4 Ebd., S. 96.

5 Canetti: Masse und Macht, S. 13.

6 Ebd., S. 14.

7 Ebd., S. 13.

8 Ebd.

9 Ebd.

10 Grubner: Viruslust./S. 65.

11 Ebd.

12 Vgl. Schouwink: Lässt sich Liebe regeln?, S. 28.

13 Vgl. Illouz: Die neue Liebesordnung.

14 Ebd., S. 70.

15 Plessner: Grenzen der Gemeinschaft, S. 106–107.

16 Ebd., S. 107.

17 Ebd., S. 110.

18 Ebd.

19 Ebd.

20 Ebd., S. 112.

X: SCHLUSS

1 Tocqueville: Über die Demokratie in Amerika, S. 308–309.

2 Ebd., S. 314–315.

3 Ebd., S. 148.

4 Vgl. Rawls: Eine Theorie der Gerechtigkeit.

5 Pfaller: Wir spüren plötzlich alle anderen auf der eigenen Haut,
   https://www.philomag.de/artikel/robert-pfaller-wir-spueren-ploetzlich-
   alle-anderen-auf-der-eigenen-haut (zuletzt abgerufen am 11.03.2021).

6 Vgl. hierzu auch: Scheller: Wir brauchen eine Politik der Imagination.

LITERATUR

Améry, Jean: Hitler und wir. Offener Brief an Sebastian Haffner. In: Merkur. August 1978. Heft 363, S. 838–841.

Améry, Jean: Hand an sich legen. Diskurs über den Freitod. Stuttgart (Klett-Cotta) 2012.

Aron, Elaine N.: Sind Sie hochsensibel? Wie Sie ihre Empfindsamkeit erkennen, verstehen und nutzen. Aus dem Amerikanischen von Cornelia Preuß. München (mvgverlag) 2021.

Baasner, Frank: Sensibilité. In: Historisches Wörterbuch der Philosophie online. Herausgegeben von Joachim Ritter u. a. Basel (Schwabe Verlag) 2017.

Böhme, Rebecca: Human Touch. Warum körperliche Nähe so wichtig ist. Erkenntnisse aus Medizin und Forschung. München (C.H.Beck) 2019.

Böhme, Gernot: Die vierte hygienische Revolution? In: Philosophie Magazin. Nr. 3/2021, S. 16–19.

Bolz, Norbert: Avantgarde der Angst. Berlin (Matthes & Seitz) 2021.

Breithaupt, Fritz: Die dunklen Seiten der Empathie. Berlin (Suhrkamp) 2019.

Butler, Judith: Das Unbehagen der Geschlechter. Frankfurt am Main (Suhrkamp) 1991.

Butler, Judith: Haß spricht. Zur Politik des Performativen. Berlin (Berlin Verlag) 1998.

Butler, Judith: Körper von Gewicht. Die diskursiven Grenzen des Geschlechts. Frankfurt am Main (Suhrkamp) 1998.

Butler, Judith: Verletzungen bilden gesellschaftliche Strukturen ab. In: Philosophie Magazin. Nr.6/2021, S. 62–65.

Canetti, Elias: Masse und Macht. Frankfurt am Main/Wien (Büchergilde Gutenberg) 1978.

Dell'Eva, Gloria und Sandra Schmidt: Im falschen Körper? In: Philosophie Magazin. Nr. 6/2019, S. 36–43.

Derrida, Jacques: Die différance. In: Engelmann, Peter (Hrsg.): Postmoderne und Dekonstruktion. Texte französischer Philosophen der Gegenwart. Stuttgart (Reclam) 1997, S. 76–113.

Derrida, Jacques: Die Struktur, das Zeichen und das Spiel im Diskurs der Wissenschaften vom Menschen. In: Die Schrift und die Differenz. Frankfurt am Main (Suhrkamp) 1972, S. 422–442.

Edmonds, David und John Eidinow: Rousseaus Hund. Zwei Philosophen, ein Streit und das Ende aller Vernunft. Aus dem Englischen von Sonja Finck. München (DVA) 2008.

Eddo-Lodge, Reni: Warum ich nicht länger mit Weißen über Hautfarbe spreche. Aus dem Englischen von Anette Grube. Stuttgart (Tropen) 2020.

Elias, Norbert: Über den Prozeß der Zivilisation. Soziogenetische und psychogenetische Untersuchungen. 2 Bände. Frankfurt am Main (Suhrkamp) 1997.

Febvre, Lucien: Sensibilität und Geschichte. Zugänge zum Gefühlsleben früherer Epochen. In: Honegger, Claudia (Hrsg.): Schrift und Materie der Geschichte. Vorschläge zur systematischen Aneignung historischer Prozesse. Frankfurt am Main (Suhrkamp) 1977, S. 313–334.

Foucault, Michel: Überwachen und Strafen. Die Geburt des Gefängnisses. Frankfurt am Main (Suhrkamp) 1994.

Freud, Sigmund: Zeitgemäßes über Krieg und Tod. In: Studienausgabe. Herausgegeben von Alexander Mitscherlich u. a. Band 9: Fragen der Gesellschaft, Ursprünge der Religion. Frankfurt am Main (S. Fischer) 2000, S. 33–60.

Freud, Sigmund: Jenseits des Lustprinzips. In: Studienausgabe. Herausgegeben von Alexander Mitscherlich u. a. Band 3: Psychologie des Unbewussten. Frankfurt am Main (S. Fischer) 2000, S. 213–272.

Garcia, Tristan: Das intensive Leben. Eine moderne Obsession. Berlin (Suhrkamp) 2017.

Goltermann, Svenja: Opfer. Die Wahrnehmung von Krieg und Gewalt in der Moderne. Frankfurt am Main (S. Fischer) 2017.

Grubner, Bernadette: Viruslust. In: Philosophie Magazin Nr. 04/2021. S. 62–65.

Harding, Sandra: Feministische Wissenschaftstheorie. Zum Verhältnis von Wissenschaft und sozialem Geschlecht. Aus dem Amerikanischen von Michael Haupt. Hamburg (Argument Verlag) 1991.

Hegel, Georg Wilhelm Friedrich: Phänomenologie des Geistes. In: Werke. Band 3. Frankfurt am Main (Suhrkamp) 1986.

Horkheimer, Max und Theodor W. Adorno: Dialektik der Aufklärung. Philosophische Fragmente. Frankfurt am Main (S. Fischer) 1997.

Hume, David: Ein Traktat über die menschliche Natur. Band 2. Übersetzt, mit Anmerkungen und Register versehen von Theodor Lipps. Hamburg (Felix Meiner Verlag) 1978.

Han, Byung-Chul: Palliativgesellschaft: Schmerz heute. Berlin (Matthes & Seitz) 2021.

Hunt, Lynn: Inventing Human Rights. A History. New York/London (W. W. Norton & Company) 2007.

Illouz, Eva: Die neue Liebesordnung. Frauen, Männer und Shades of Grey. Berlin (Suhrkamp) 2013.

Jünger, Ernst: Über den Schmerz. In: Sämtliche Werke. Band 7. Stuttgart (Klett-Cotta) 1980, S. 145–191.

Jünger, Ernst: In Stahlgewittern. Mit einem Nachwort von Helmuth Kiesel. Stuttgart (Klett-Cotta) 2014.

Jünger, Ernst: Der Kampf als inneres Erlebnis. In: Krieg als inneres Erlebnis. Herausgegeben von Helmuth Kiesel. Unter Mitarbeit von Friederike Tebben. Stuttgart (Klett-Cotta) 2016.

Lane, Christopher: Shyness. How Normal Behaviour Became a Sickness. New Haven & London (Yale University Press) 2007.

Laplanche, J., und J. B. Pontalis: Das Vokabular der Psychoanalyse. Frankfurt am Main (Suhrkamp) 1973.

Lethen, Helmut: Verhaltenslehren der Kälte. Lebensversuche zwischen den Kriegen. Frankfurt am Main (Suhrkamp) 1994.

Lévinas, Emmanuel: Zwischen uns. Versuche über das Denken an den Anderen. Aus dem Französischen von Frank Miething. München/Wien (Carl Hanser Verlag) 1995.

Lévinas, Emmanuel: Jenseits des Seins oder anders als Sein geschieht. Aus dem Französischen von Thomas Wiemer. Freiburg/München (Verlag Karl Alber) 2011.

Liebsch, Burkhard: Menschliche Sensibilität. Inspiration und Überforderung. Weilerswist (Velbrück Wissenschaft) 2008.

Liebsch, Burkhard: Ästhetisch, ethisch und politisch sensibilisierte Vernunft? Einleitung in historischer Perspektive. In: ders. (Hrsg.): Sensibilität der Gegenwart. Wahrnehmung, Ethik und politische Sensibilisierung im Kontext westlicher Gewaltgeschichte. Hamburg (Felix Meiner Verlag) 2018, S. 13–38.

Malka, Salomon: Emmanuel Lévinas. Eine Biographie. Aus dem Französischen von Frank Miething. München (C.H.Beck) 2003.

Nagel, Thomas: What Is It Like to Be a Bat? Wie ist es, eine Fledermaus zu sein? Englisch/Deutsch. Übersetzt und herausgegeben von Ulrich Diehl. Stuttgart (Reclam) 2016.

Nietzsche, Friedrich: Unzeitgemäße Betrachtungen. Zweites Stück: Vom Nutzen und Nachtheil der Historie für das Leben. In: Kritische Studienausgabe. Herausgegeben von Giorgio Colli und Mazzino Montinari. Band 1. München (de Gruyter) 1999, S. 243–334.

Nietzsche, Friedrich: Menschliches, Allzumenschliches. Kritische Studienausgabe. Herausgegeben von Giorgio Colli und Mazzino Montinari. Band 2. München (de Gruyter) 1999.

Nietzsche, Friedrich: Also sprach Zarathustra. In: Kritische Studienausgabe. Herausgegeben von Giorgio Colli und Mazzino Montinari. Band 4. Berlin/New York (de Gruyter) 1999.

Nietzsche, Friedrich: Zur Genealogie der Moral. In: Kritische Studienausgabe. Herausgegeben von Giorgio Colli und Mazzino Montinari. Band 5. Berlin/New York (de Gruyter) 1999, S. 245–412.

Nietzsche, Friedrich: Jenseits von Gut und Böse. In: Kritische Studienausgabe. Herausgegeben von Giorgio Colli und Mazzino Montinari. Band 5. Berlin/New York (de Gruyter) 1999, S. 9–244.

Nietzsche, Friedrich: Ecce Homo. In: Kritische Studienausgabe. Herausgegeben von Giorgio Colli und Mazzino Montinari. Band 6. Berlin/New York (de Gruyter, 2011, S. 255–376.

Pfaller, Robert: Die blitzenden Waffen. Über die Macht der Form. Frankfurt am Main (S. Fischer) 2020.

Pinker, Steven: Gewalt. Eine neue Geschichte der Menschheit. Frankfurt am Main (S. Fischer) 2011.

Plessner, Helmuth: Grenzen der Gemeinschaft. Eine Kritik des sozialen Radikalismus. Frankfurt am Main (Suhrkamp) 2002.

Prideaux, Sue: Ich bin Dynamit. Das Leben des Friedrich Nietzsche. Stuttgart (Klett-Cotta) 2020.

Rawls, John: Eine Theorie der Gerechtigkeit. Frankfurt (Suhrkamp) 1975.

Reckwitz, Andreas: Die Gesellschaft der Singularitäten. Zum Strukturwandel der Moderne. Berlin (Suhrkamp) 2017.

Reckwitz, Andreas: Dialektik der Sensibilität. In: Philosophie Magazin. Nr. 6/2019, S. 56–61.

Reich, Wilhelm: Charakteranalyse. Köln (Kiepenheuer & Witsch) 2018.

Richardson, Samuel: Clarissa Harlowe. Aus dem Englischen übersetzt und bearbeitet von Ruth Schirmer. Zürich (Manesse Verlag) 1966.

Rosa, Hartmut: Resonanz. Eine Soziologie der Weltbeziehung. Berlin (Suhrkamp) 2016.

Rousseau, Jean-Jacques: Julie oder die neue Héloïse. Leipzig (Verlag Otto Wiegand) 1859.

Rousseau, Jean-Jacques: Abhandlung über den Ursprung und die Grundlagen
der Ungleichheit unter den Menschen. Aus dem Französischen übersetzt
und herausgegeben von Philipp Rippel. Stuttgart (Reclam) 2019.

Rousseau, Jean-Jacques: Rousseau richtet über Jean-Jacques. In: Jean-Jacques
Rousseau. Schriften. Band 2. Herausgegeben von Henning Ritter. Frankfurt am Main (S. Fischer) 1988, S. 253–636.

Rousseau, Jean-Jacques: Émile oder Über die Erziehung. Paderborn
(Ferdinand Schöningh) 1971.

Sade, D. A. F. de: Hundertzwanzig Tage von Sodom oder die Schule der
Ausschweifung. Band 1. Leipzig 1909.

Sade, D. A. F. de: Justine und Juliette. 10 Bände. Herausgegeben und übersetzt von Stefan Zweifel und Michael Pfister. München 1990–2002.

Saussure, Ferdinand de: Grundfragen der allgemeinen Sprachwissenschaft.
Berlin/Leipzig 1931.

Scheler, Max: Wesen und Formen der Sympathie. Studienausgabe. Herausgegeben von Manfred S. Frings. Bonn (Bouvier Verlag) 1985.

Scheller, Jörg: Wir brauchen eine Politik der Imagination (philomag.de/
artikel/joerg-scheller-wir-brauchen-eine-politik-der-imaginaton).

Schlink, Bernhard und Susanne Schmetkamp: Die Grenzen der Einfühlung.
In: Philosophie Magazin. Nr. 2/2021, S. 32–37.

Schmetkamp, Susanne: Theorien der Empathie zur Einführung. Hamburg
(Junius) 2019.

Schopenhauer, Arthur: Die Welt als Wille und Vorstellung. Textkritisch bearbeitet und herausgegeben von Wolfgang Freiherr von Löhneysen. Erster
Band. Frankfurt am Main/Leipzig (Insel Verlag) 1996.

Schouwink, Theresa: Lässt sich Liebe regeln? In: Philosophie Magazin.
Nr. 6/2019, S. 28.

Schwilk, Heimo: Ernst Jünger. Ein Jahrhundertleben. Stuttgart (Klett-Cotta)
2014.

Sennett, Richard: Verfall und Ende des öffentlichen Lebens. Die Tyrannei der
Intimität. Frankfurt am Main (S. Fischer) 2004.

Simmel, Georg: Die Großstädte und das Geistesleben. Frankfurt am Main
(Suhrkamp) 2006.

Stegemann, Bernd: Die Öffentlichkeit und ihre Feinde. Stuttgart (Klett-
Cotta) 2021.

Taleb, Nassim Nicholas: Antifragilität. Anleitung für eine Welt, die wir nicht
verstehen. Aus dem Englischen von Susanne Held. München (Knaus) 2013.

Thadden, Elisabeth von: Die berührungslose Gesellschaft. München
(C.H.Beck) 2018.

Theweleit, Klaus: Männerphantasien. Vollständige und um ein Nachwort erweiterte Neuausgabe. Berlin (Matthes & Seitz) 2020.

Thomas, Donald: Marquis de Sade. Die große Biographie. München (Blanvalet) 1976.

Tocqueville, Alexis de: Über die Demokratie in Amerika. Ausgewählt und herausgegeben von J. P. Mayer. Stuttgart (Reclam) 2020.

Valéry, Paul: Bilanz der Intelligenz. In: Werke. Band 7: Zeitgeschichte und Politik. Frankfurt am Main (Insel) 1995, S. 105–134.